# 社會工作概論

The Concept of Social Work

葉至誠◎著

SOCIAL WORK

# 序

　　回顧過去六十年來台灣社會的發展的確有許多傲人的成就，諸如國民所得的增加、義務教育的普及、平均壽命的延長、生活素質的提高、醫療衛生的增進等。然而，由於社會的急遽變遷，在社會發展的過程中，衍生出若干負面的行為，悖離整體發展所追求的目標，例如家庭結構的破壞、貧富差距的擴大、脫序行為的增加、社會保障的欠缺、老年人口的驟增等。這些課題的匡導多賴社會工作的運作規劃，不僅是政府亟需面臨的挑戰與考驗，也將是決定我們社會在二十一世紀是否有永續發展空間的關鍵因素。

　　社會安全是我國憲法所明定的基本國策，主要項目包括國民就業、勞工農民保護、全民健康保險、兒童老弱的保護、婦女人身安全保障等，充分表示我國對社會福利的重視。這幾年來，政府為了配合社會發展的需要，先後訂頒「民生主義現階段社會政策」、「現階段社會建設綱領」和「社會福利政策綱領重要措施」，以為推動社會工作的根據，期能為社會發展奠定穩固的基礎。我國社會的發展正處於一個結構變化的階段，一方面，由於參與國際經貿組織，經濟朝向全球化邁進，面對自由市場日益增強的競爭與壓力，產業外移，稅收減少……凡此種種，都足以減低原先的經濟生活保障；另一方面，國內人口結構的改變（如：高齡社會的來臨）及國民對於社會安全的需求大為提升。換言之，民眾對社會福利的需求日益殷切，使得政府宜認真而周密的建構完整的社會安全機制，以因應國民的普遍需求。根據先進國家的經驗，社會工作的建制，其實正反映著政府的基本職司，而不是國家牧民的善政；並非民眾只能消極的期待為政者的福利人群，等待國家對人民的施予，而是人

民皆應享領的基本權利。這個理念的動力在於對現代生活的風險有著更深刻的體認。當無法歸諸個人因素的結構性失業一再發生,當現有家庭型態無法負擔照養老人的任務時,希冀透過社會專業的力量來求取個人的安全,便成了不可避免的趨勢。

社會工作是保護弱勢族群的第一線,我國自1965年行政院訂頒「民生主義現階段社會政策」以來,即積極致力推動專業社會工作制度的建立,及社會工作專業法律的制定;1997年4月2日「社會工作師法」公布施行,引領我國社會工作專業體制往前邁進一大步。盱衡社會工作的目的,在於保障國民的基本生存、家庭的和諧穩定、社會的互助團結、人力品質的提升、經濟資本的累積,以及民主政治的穩定,期使國民生活安定、健康、尊嚴。基於憲法保障國民基本人權的精神,因應政治經濟社會變遷的挑戰,吸納工業先進國家的經驗,回應社會完善我國社會福利體系的期待。社會工作的落實與人民關係密切,旨在因應社會變遷產生的需求與問題,期發揮預防、消除與減緩社會問題的積極性功能,期能使國民擁有安定、健康、尊嚴的生活。參酌2004年政府頒布「社會福利政策綱領」,以前瞻性、延續性、兼顧理想性及務實性的精神,朝向下列原則努力:(1)人民福祉優先;(2)包容弱勢國民;(3)支持多元家庭;(4)建構健全制度;(5)投資積極福利;(6)中央地方分工;(7)公私夥伴關係;(8)落實在地服務;(9)整合服務資源;期望以社會保險維持人民基本經濟安全,以社會救助維護國民生活尊嚴,以福利服務提升家庭生活品質,以就業穩定國民之所得安全與社會參與,以國民住宅免除民眾無處棲身之苦,以健康照護維持國民健康與人力素質,再以社區營造聚合眾人之力。相信經由社會工作專業的積極投入與推廣,必能為社會營造均富、安和、樂利的家園。

本書的撰述植基於個人的志趣,自大學起的專業教育便修讀

多項與社會福利服務相關的課程，並且積極參與社會行政人員的公職考試，雖於二職等、普通考試、高等考試上皆獲榜示錄取，只是因緣際會，少有於社會行政實務領域貢獻所長的機會。惟秉於社會工作的專業教育啟沃，並未稍減對這份助人專業的嚮往，是以於大學校院服務二十餘年來，總儘可能自社會工作有關的專業教育中，提供所學、所知，並力求自學術撰述中表達對這一份專業工作實踐的期待。為結合學術與實務，爰將本書區隔為五篇：「概論篇——著重基本概述」、「基礎篇——強調專業作為」、「實務篇——講求實務運作」、「反思篇——重視檢視自省」、「願景篇——著眼前瞻發展」等，共計十六章，以精要論述社會工作主要內容。適值揚智文化出版公司閻富萍總編輯的玉成，得編撰而成《社會工作概論》乙書，以饗讀者。知識分子常以「金石之業」、「擲地有聲」，以形容對論著的期許，本書距離該目標不知凡幾。唯因忝列杏壇，雖自忖所學有限，腹笥甚儉，然常以先進師長之著作等身，為效尤的典範，乃不辭揣陋，敝帚呈現，尚祈教育先進及諸讀者不吝賜正。

葉 至 誠　謹識

2009年6月

# 目　錄

# 第一篇

## 概論篇
### ──藉宏觀輪廓，以勾勒專業內容

# Chapter 1

## 社會工作概要

4

 前言

社會工作專業致力於促進社會公義,以解決人類相處中發生的問題,增加人類權益,提高社會福利,並經由人類行為理論和各種社會制度,對人類與環境互動過程中出現的各種問題進行社會工作干預,而人權原則和社會公正是社會工作的基本要求。在現代社會裡,社會工作成為我們生活中不可或缺的部分。社會工作的產生,主要基於人道的精神與互助的觀念。由於人類所能控制的環境在資源的提供上是有限的,為了滿足人類的基本需求,及照顧到個人、家庭乃至社群在生命流衍中所發生的問題、危機,社會工作乃應運而起。依據史金得摩與柴克萊(R. A. Skidmore & M. G. Thackeray)描述:「社會工作起於人類早期的社會,當時即能瞭解互相幫助以促進全體福利的重要性。」(Skidmore, 1990)隨著歷史演進,社會工作在現代社會日益扮演著重要的角色,本章將介紹社會工作的起源、定義、發展及願景,以期對這項專業有概括性的描述。

## 壹、社會工作的起源

就社會工作的歷史演進,大致上可分為三個階段:

### 一、人道主義的實踐

社會工作的起源是來自人道主義及宗教信仰,對於貧苦及不幸者的施救行為。就如同徐震對社會工作起源所做的闡述一般:

「幫助困苦者，是一種與文明同樣久遠的常例。這種常例不一定是建立在正式且有組織的根基上；但是，在古代社會中是普遍的。我國在古代有一些人道主義者（humanitarianism）與虔誠奉獻者（dedicated person），貢獻出時間、金錢與精力來協助低社經地位的人們（under privileged），而有收容年老、病患及貧苦者的庇護所，還有為貧苦兒童設立的義學、供給貧困殘疾者的免費食堂、發放舊衣服，甚至對不幸者家屬施財、施棺，提供婚喪費用。在印度，在釋迦牟尼以後，佛教教條中也強調施捨賑濟的任務。希伯來的宗教教義也強調慈善及幫助需要者，施捨的舉動成為一種責任，並且認為慈善是聖行中最高貴的德行。」（徐震，2004）

## 二、組織的宗教活動

在中古時期，教會在發給貧民賑濟物資和救助不幸的受難者方面，扮演了一個很重要的角色。修道院及修道士為貧民及病患，以及其他不幸的人們提供了照顧服務。此種以宗教為主體的有組織的社會救助行為，就如同波查特（J. Bossard）所描述：「在整個中古時期，教會是唯一嘗試以一種有組織及完整而充實的方式來滿足眾多的需要者。修道院成為特別重要的慈善中心，在門口發放食物以及救濟品，並且成為香客或旅客、軍人、貧民、乞丐和其他離家者的收容所。教會也積極於發展機構設置，例如：讓各式各樣有需求的團體住宿；醫院則專門負責照顧病人；並有收容棄兒、孤兒的機構；人類所有的需要皆被重視，並隨著時代的進步，建立起修道士及修女的教團，以使他們的工作專業化。」（徐震，2004）

### 三、科學的專業服務

在二十世紀初期，社會工作已漸次邁向科學化、專業化的行徑，此階段的特質，不僅由政府舉辦救濟事業，並加重政府的責任，擴大服務的對象與區域，講求服務的專業倫理、方法、知識與技術，包括一個國家或政府保障人民經濟安定與社會安全，以促進社會福利的各種大規模或全國性的社會計劃。其工作重心已不僅在被救助者社會關係的調整與社會生活的改善，更在整個社會制度與整個社會關係的調整與革新；對於被救助者的工作已不僅限於物資的扶助，更進而致力於專業的諮詢服務，以協助其自動自立及潛能的發揮；其工作對象不僅及於若干貧苦或遭遇其他社會問題者，且已普及於大多數的一般人民或全民。

由上述得知，這項以造福人群為目標的工作其起源甚早，而在近代之所以加速發展，主要原因有二：第一、近代許多政治學者、社會學者、經濟學者都提倡「福利國家」（the welfare state）的概念。認為國家的機能應從事於全體人民福利的增進，此不僅關係著人民個人生活的幸福，且關係著整個國家的安全。第二、現代社會工作因受了政治學、經濟學、心理學、哲學、醫學、人類學等專業學問的發展及影響，亦有助於社會工作朝向專業化的領域，使其逐漸形成一門專門的科學，其包括的內容及所需的知識和技能，較前更為複雜及專業。

 ## 貳、社會工作的定義

社會工作是一種幫助人和解決社會問題的工作。目的在幫助社

會上的貧困者、老弱者、身心殘障者和其他不幸者；預防和解決部分因經濟困難或生活方式不良而造成的社會問題；開展社會服務，完善社會生活功能，提高全社會的福利水準和社會生活素質，實現個人與社會的和諧一致，促進社會的穩定與發展。社會工作這項專業性的助人事業，強調的是：第一、人是重要的。第二、在人與人的互動中，產生個人、家庭及社區問題。第三、經由某些方法，我們可以緩和這些問題，甚至克服這些問題，以充實個人的生活。根據《社會工作辭典》上所做的界定是：「指一種專業的知識體系，包括專業倫理、知識、方法和技術。這種專業知識和技術，是根據現代民主社會哲理和社會組織的原理原則，人類行為的科學知識，專業診斷和治療的原則和技術，以從事協助他人和改善環境的功能。」

## 一、社會工作定義的內涵

社會工作的定義，由於界定的觀點及著重之處不同，也有其不同的說法（林萬億，1992）：

### (一)強調功能價值

社會工作是注重於個人或團體中之個人的社會功能，用各種以社會關係為焦點的活動，構成人與其環境的良適互動。

### (二)重視多元組合

社會工作是一門藝術，一門科學，亦是一項專業。其目的在協助人們解決其個人、團體及社區的問題，以及運用個案工作、團體工作、社區組織的方法，使個人、團體及社區之間的關係，能達到

滿意的情況。

## (三)視為一種制度

認為社會工作是一種協助人們去預防和解決社會問題，恢復並增強他們社會功能的一種制度化的方法。

## (四)肯定助人活動

社會工作是一種助人的活動，用以協助個人及其社會環境，以獲致更佳的交互適應。

## (五)助人服務專業

社會工作是一門專業性的工作，是由政府或專業組織透過各種助人活動的提供，以科學的知識為理論基礎，以藝術的運作為實施過程，所進行的人群服務。其宗旨在於預防和解決社會問題，恢復和增強人們的社會生活功能，以達到個人、團體、社區和全體社會的最佳福利狀態的制度化工作。

## 二、社會工作的特質

社會工作因具有解決問題的功能，並用以迎合社會公認的需求與期望，已發展成一門專業，此項專業隱涵著科學性與價值基礎的藝術。對社會工作的特質大致上可分為下列數項：

## (一)個人的整體性

社會工作注重個人的統整，包括個人、環境及其行為。亦即重視個人之「完整」（wholeness），個人非獨立於環境之外，個人

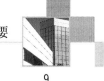

亦非情緒、理性或心理、社會、生理單一部分的表現。

## (二)環境的重要性

環境包括家族、學校、社團、社區及社會。社會工作相信個人生活受環境影響很大,許多個人問題是由社會環境所帶來,解決個人問題,也必須由環境去瞭解。

## (三)運用社區資源

解決社會問題經常不是由案主或社會工作體系單獨來處理,而最基本的自助單位是案主與其環境自助系統,所以社區資源的發掘與運用是社會工作主要特徵之一,社會工作人員必須熟悉社區資源的所在,而且善於激發與協調,使之產生自助助人的功效。

## (四)建立和諧關係

社會工作的助人過程關鍵在於相互接納的「關係」上,這不僅是指個案工作的接案(intake),團體工作的成員組成,社區工作的組織,尤其需要建立良好的關係,甚至整個社會福利計劃與社會福利政策,都應講求與案主和服務提供機構建立良好的關係。這種關係包括情緒支持、接納、信賴與分享解決問題過程的經驗。

## (五)講求自助人助

社會工作不是單方面的施予,而是與案主一起工作。社會工作人員相信每個人都具備有自我解決問題的部分力量,只要重新讓案主瞭解自己的潛能,以及協助案主運用外力,即可解除案主的問題來源。

### (六)團隊協同工作

社會問題的產生很少是單一因素，社會工作人員並非全能者，所以分工是社會工作助人過程中的重要特質，分工不是指工作過程階段化的切割，而是不同專長的工作人員（或其他領域的專家）共同來解決同一個案主或一個問題的全部，團隊工作（team work）是社會工作的一個特徵。

### (七)主張民主參與

社會工作重視個人的尊嚴與人格的完整，相信生存權利與福利的賦予。社會工作人員在助人過程中以協助案主自我決定為主，而非處處代替案主做決定，社會工作人員並要鼓勵案主參與認定問題，思考解決辦法，合力解決問題，共謀社會發展。

### (八)理論實務配合

社會工作者是「實施取向」的，是一個實施者（practitioner），所以社會工作講求實踐篤行。但是實施不是單靠經驗的傳遞，而是以社會工作理論為基礎，以案主的福利為出發點，有步驟、有過程、有根據、有評估的一種科學性與藝術化的運用。

### (九)督導制度建立

不論在實務的經驗傳遞上，或是理論轉化為實施的技巧上，社會工作必須建立合格的督導制度，由合格的督導員對新進社會工作員或實習學生進行督導工作，以增進其專業成熟度，督導制度在於維持與發展社會工作的服務素質與專業體系。

### (十)尊崇專業倫理

社會工作是一種助人的專業,除理論的研習與經驗的獲得外,每一社會工作員,均應嚴守專業體制所規定的倫理守則,以保障案主的權益,維繫社會工作組織,並延續社會工作的職業生涯。社會工作人員違反專業倫理守則,除受到道德良心制裁外,也應受到社會工作專業體制的制裁。

### (十一)社會工作機構

社會工作員除部分由私人開業外,大多受雇於社會工作機構,合格的社會工作員須受相當程度的專業訓練,及受到專業組織的認可,受雇於機構的社會工作員應確立機構的角色與案主立場的關係。

### (十二)社會工作永業

社會工作非以營利為目的,社會工作的職業生涯與其他行業不盡然一致,社會工作講求服務精神,社會工作人員的滿足在於助人事業的實現以及人類安和樂利的生活狀態。所以社會工作最終的目標是人民的利益與社會的發展。

由上述得以清楚地說明這一行業的成員、組織、助人的過程,以及維繫其專業的獨特性的一些力量與要素。

## 參、社工的專業發展

### 一、專業發展的趨勢

　　社會工作是針對現存社會中的障礙、不平等和不公義的事情，回應了社會危機及緊急事情以至日常的個人和社會問題。社會工作以其對人事環境全面的理念，適當地運用各種技巧、技能和活動。社會工作的介入，由針對個人心理社會過程開始，以至社會政策、規劃和社會發展。這些包括輔導、臨床社會工作、團體工作、社會教育、家庭治療，而且致力於協助受助者從社區獲得資源和服務。從福利先進國家社會工作專業制度發展的經驗來看，有一些重要趨勢：

1. 各國的社會工作均先後以邁向專業化為目標。
2. 社會工作專業教育由短期訓練逐步轉型到正式的學院教育。
3. 社會工作專業教育由專門技術職業訓練趨向學術研究發展。
4. 社會工作人員的學歷水準除了有擴充大學教育的專業養成外，先進國家有往提升學歷的方向。
5. 社會工作專業組織大抵由分到合。例如：美國將社會工作組織整合為全國性社會工作者協會（BASW）。
6. 社會工作教育訓練由國家或國家授權專業團體進行課程標準、教育目標、教育政策的制訂、審查、監督、評鑑，以保障社會工作教育能滿足案主需求，提升社會正義。
7. 進行社會工作專門領域的認定。
8. 社會工作專業地位仍有待提升。

使得今後社會工作的任務將日益重要。為此，參與該工作者除了工作的方法必須日益科學化外，同時需要重視工作者的專業修養，以具體成效獲得社會認同。

## 二、專業發展的經驗

對於這些國際社會工作發展經驗，可作為借鏡的方向如下：

### (一)社會工作教育方向

社會工作教育內容要吻合當前社會趨勢與議題，並符合社會機構在解決這些問題所需的理論、技術、價值。是以宜由政府組成或授權社會工作學者、團體組織、機構代表組成社會工作教育審議委員會，作為社會工作教育目標、政策、課程標準、教育品質擬訂、審查、監督、評鑑的機制。

### (二)社會工作朝在地化努力

社會工作源於歐美工業先進社會為了解決社會問題，所發展出來的一套專業制度與專業工作技巧；因此，其理論基礎與文化倫理皆參照歐美社會的文化價值。東方社會文化與倫理與歐美社會不盡相同，因此，如何把社會工作理論與倫理築基於自己的社會文化基礎之上，使社會工作方法能契合自己社會的價值與觀念，是社會工作者在現在與未來所必須努力的重要課題。

### (三)社會工作師的職位

政府部門應建立保障社會工作人員發揮專業職能的職場環境。考量社會工作師資格取得，宜修改社會工作師考試制度為兩級考試

制,第一試以大學學歷以上修滿社會工作基本學分為應試資格,第二試則必須從事社會工作若干年以上經驗者,經工作主管推薦方可參加,因為通過這一級考試者,將可獨立執行社會工作業務,如美國的「社會工作師」。

## (四)社會工作專業倫理

社會工作專業發展能夠獲得社會的認可,與政府的支持,其專業組織與社會工作人員必須要有堅實的專業倫理基礎。就此而言,應儘速訂定一套社會工作師獨立執業工作的管理規範。

## (五)政府與民間結合成社會工作專業發展的夥伴關係

政府在社會工作專業發展上,扮演法制化的重要角色;同時民間社會福利服務的健全發展,也因專業制度的建立,提升其服務品質。「公設民營」、「服務外包」的發展,也因社會工作專業制度的建立,使政府和民間結合成「夥伴關係」。

社會工作專業制度的建立已是世界潮流所趨,盱衡歐美先進國家及亞洲日本、香港及我國等,均已建立社會工作專業制度。回顧我國邁向專業領域的歷程,早在1965年訂頒之「民生主義現階段社會政策」即揭示:運用專業社會工作人員,負責推動社會保險、國民就業、社會救助、福利服務、國民住宅、社會教育及社區發展等七項福利措施。1997年4月2日通過「社會工作師法」,對社會工作師的專業地位、保障服務品質有所提升。雖然社會工作員(師)工作性質隸屬社會福利領域,但在其他諸如:勞工、衛生、退除役官兵輔導、原住民事務、教育、司法、國防等領域,亦有因業務需要而設置社會工作員(師)提供服務,以增進民眾福祉。

肆、社會工作的願景

　　就社會工作的歷史演進而言，可分為「個人的慈善事業」、「組織的宗教活動」及「科學的專業活動」等三個階段。就此種發展的趨勢而言，可發現社會工作已從消極性的問題解決，邁向積極性的預防和福利促進。而社會工作的未來發展能否更契合社會的需求，並為社會提供必要的貢獻，端賴如下特性的良好發揮。

### 一、服務領域的多元性

　　社會工作是一種助人的、利他的服務工作。由於社會結構的急驟變遷，社會組織的日趨複雜，社會工作的服務範疇亦日趨於多樣化。社會工作的實施領域實際上已廣及於公共救助（public assistance）、社會保險（social insurance）、家庭服務（family service）、兒童服務（child service）、保健服務（health service）、心理衛生服務（mental health）、矯治服務（correctional service）、青年休閒服務（young leisure-time service）、榮民服務（veterans service）、就業服務（employment service）、住宅服務（housing service）、社區福利服務（community welfare service）、老人服務（aged service）、工業服務（industrial service）、鄉村社會工作（rural social work）、少數民族的服務（minorities service）、軍隊社會工作（military social work）（徐震，2004）。除此之外，另外有些社會工作者則經由研究、訓練、政策分析、立法審議或社會參與等方式，表達對此工作的投入，足以顯示社會工作的多樣性。

## 二、工作方法的整合性

雖然社會工作為配合專業化的發展趨勢，使其邁向各種不同的領域。然而，就其運用的方法則有整合的傾向。換言之，一位社會工作者宜嫻熟個案工作、團體工作與社區工作的方法，甚至必須對其行政管理體系、方案評估與效益評估等擁有基本的概念，對人文科學、社會科學、行為科學等知識具有必要的認知。這種整合性，使一位專業的社會工作者，必須學習或養成一套基本的專業知識，而後始能於不同的服務領域中，累積其經驗，以求專精，達到服務的效能。

## 三、社會發展的建設性

早期社會工作的重心，在於對貪、愚、懶、髒、病的慈善關懷，因此這項工作被視為人道主義的發揮，甚至只看到其消極的一面。然而，現今社會中社會工作的功能已不僅限於濟貧或救助不幸的狹小範圍，而是在社會解組與快速變遷中，擔負起對各種類群人員的服務。為此，社會工作正朝下述方向發展：

1.從非專業發展到專業。
2.從無理論發展到有理論。
3.由消極的救濟工作發展到積極的福利措施。
4.由地方性工作發展到全國性措施。
5.由事後的補救、治療發展到事先的預防。
6.由少數人參與工作發展到大眾的參與。
7.由對少數人的救濟工作發展到對全體大眾的福利。
8.以傳統個案工作為主的發展到整體性、綜合性的福利行政、

立法與制度。

9.從描述性的訪問調查發展到數量化實證的研究分析。

10.從不算成本的工作發展到講究方案的評估及成本效益的分析。

總之，社會工作的演進，已由個人到社會，由局部到全國，由零星到整體；使得今後社會工作的任務日益重要，而方法亦須日益科學化，並重視工作理論。而其對於社會發展的建設性功能，自然無所爭議。

## 四、工作成果的效率化

社會工作本身的反躬自省，不能耽溺於社會責任與人道主義的迷思，而必須是依其工作成效，說服周遭能接受此項專業服務。使助人活動有其存在的價值，不能單靠哲學來搪塞，而要靠現實中的具體成效。參與此項工作者必須加強實際工作能力，尤其是評估（evaluation）、管理（management）、計劃（planning）、研究（research）、政策分析（policy analysis）等訓練。

## 五、工作實施的本土化

社會工作服務的對象為活生生的人群，是以在實施方面，必然因地區的文化背景與社區結構的不同，而顯示其應用技巧與理論的地域性。因此，社會工作者必須對於外來學說與制度具有反省與選擇能力，而後予以修正及採用，甚至經實證探究而建立起一套適合本土福利制度的新方法。

面臨新世紀的挑戰，我國社會工作的推動，將立基於原有基礎

上，以嶄新的思維，視社會福利為一種社會公義，推行積極性的社會工作，從事社會福利事業，建構更具關懷、更易受惠的福利服務輸送體系，以達現代化國家滿足民眾生活需求、保障人民生存權益的目標。

 結語

在全球化的推動下，各種社會問題日益複雜，面對許多長期居於弱勢與邊緣的族群，照顧弱勢者是政府責無旁貸的任務，透過社會福利的政策及作為，以「全民安居樂業、實現公平正義」為願景，以「保障弱勢者生存、就業、健康、教育等基本權益，並提升其社會地位」為總目標，建構更具可近性的完善社會福利服務輸送網絡，落實保障老人、兒童、婦女及身心障礙者等弱勢民眾的基本安全與權益，除了延續往年各項施政措施外，並規劃針對「近貧」及「新貧」者，對於這些過去比較少被照顧到的人，優先提供積極的、立即的、務實的協助。為求達到社會安全機制的建立，在社會工作服務上宜朝向下列方向努力：

1. 保障社會成員人性尊嚴：為能保障每個人最低生活需求，應建立殘補式的救助體系，協助對於低收入戶者、弱勢族群的照顧，以維繫每位國民的基本生活品質。

2. 確保國家資源公允分配：藉財富分配來達成每個人在生存、教育、就業、稅負方面的均等，並建立公正的資源分配制度，達到社會公平的境界。

3. 維持基本生活不虞匱乏：在社會保險實施下，對個人在遭受其所能控制範圍外的社會風險，致使其生活水準下降時，保

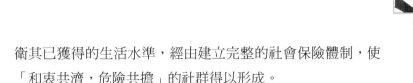

衛其已獲得的生活水準，經由建立完整的社會保險體制，使
「和衷共濟，危險共擔」的社群得以形成。

近年來全球化的浪潮，以及科技、資訊的高度發展，已改變了
傳統民眾對社會福利的期待，各國政府於福利服務方式已面臨巨大
的衝擊與興革。為確保民眾生活福祉，我們社會亟需一套高瞻遠矚
的社會安全體系，以迎接二十一世紀的挑戰，建設一個公義祥和的
新家園。社會工作者因其工作特質，常被視為善心人士，或擁有諸
多資源，專門提供助人服務者。為此，其必須以一套社會與道德哲
學為基礎，運用科學的方法，以有效協助人們，方足以化主觀的關
懷情感為客觀有效的具體服務。

## 問題與討論

一、請就社會工作的歷史演進，說明社會工作的起源可
　　分哪幾個階段。

二、請說明社會工作的定義及該定義的內涵。

三、請說明社會工作的特質有哪些。

四、請從福利先進國家的經驗說明社會工作專業制度發
　　展的主要趨勢。

五、請說明社會工作服務領域的多元性有哪幾個發展方
　　向。

六、請說明社會工作的發展願景為何。

七、請就社會工作的建設性發展宜朝哪些方向努力做說
　　明。

八、為達到社會安全機制的建立，在社會工作服務上宜
　　朝向哪些方向努力？

# Chapter 2

## 社會工作實施理念

前言

　　從英美社會工作發展的脈絡來看，十九世紀後葉由於快速的社會變遷，引發傳統家庭與社區功能的式微，社會呈現出集體的憂心與焦慮不安，社會工作是在既有的衛生保健、醫療、法律、教育等專門職業外，所發展出來的一門專業，以期能達成社會安全政策與措施，讓社會安全在政府與民間、理性與溫情、專業與志工、理論與實務等的互動溝通中進步發展（曾華源等，2003）。

　　社會工作基本原則有：

1.著重社會與經濟均衡發展，兼顧政府財力、倡導權利義務對等的福利倫理。
2.健全社會福利行政體系、法制，適時修訂社會福利相關法規，以因應社會變遷所產生的需求。
3.建構以家庭為中心的社會福利政策，以弘揚家庭倫理。
4.運用專業社會工作人力，採用專業社會工作方法，推展各項社會福利工作。
5.規劃各類社會保險，以財務自給自足、不浪費、不虧損之原則，建立完整的保險體系。
6.福利服務應以民眾福祉為先，針對現況與需求，著重城鄉均衡發展，並結合民間資源，共同發展合作模式的服務輸送體系。

　　整體而言，社會工作於落實社會福利政策就是強調公平與正義，提供民眾基本權益的保障。目標是「穩健中尋求創新，變革中謀求公平」，重點在於合理分配社會福利資源，建構溫馨與安全的

福利網絡，加強婦幼保護網絡，提升老人居家服務品質，強化家庭
支持體系，並積極維護老人、身心障礙者、兒童、婦女及低收入者
等弱勢族群的基本安全與權益維護。期使社會工作發揮預防、消除
與減緩社會問題的積極性功能。

#  壹、社會工作的建制背景

　　一種制度的形成，必有其時代背景，社會工作制度亦不例外，
德國1883年的強制勞工保險及丹麥1891年之免費養老金制，帶動國
家實施社會保障制度之開端，其中經歷兩次世界大戰，及一次世界
經濟大恐慌，以至今日，各主要國家方興未艾，尤有繼續推廣之
勢，其動力不可謂不大，發展速度亦相當驚人；而就其之所以至此
的原因，則在經濟發展、政治演變、社會改革等因素，一旦時機成
熟，遂能水到渠成，蔚成洪流，社會工作遂成為各先進國家發展的
職司。茲將此一時期足以影響其進展的各種有關因素，陳述如下：

## 一、經濟發展的影響

　　產業革命首先發生於英國，其次及於法德等國，後來逐漸普及
於全世界，由於資本主義之逐漸形成，乃表現下列各種特質，即人
口集中於都市、工廠制度確立、大量的商品生產、在社會上形成了
貧富懸殊的現象，而在工廠制度下受廠主雇用的工人，必須依靠低
微的工資收入過活，其處境尤為不利，因此產生許多嚴重的勞工及
社會問題，這是由於經濟發展所造成之結果。此外，由於1930年之
經濟恐慌，物價低落，銀行倒閉，工廠關閉，工人失業，到1933年

最嚴重時期，美國失業人數竟高達一千四百萬人，迫使聯邦政府及各地方政府不得不積極從事失業救濟，羅斯福（F. D. Roosevelt）總統於1934年指派專家學者組織了一個「經濟安全委員會」，以研究解決方案，委員會建議國會必須制定立法以保障國民的經濟安全，並建立了全國性的社會保險制度，及失業保險與老年遺族保險，這是經濟上的重大變動，所促成社會保障制度的興起。

部分國家從經濟發展到社會公平，以追求社會成長與再分配的合理性。1980年代是台灣經濟發展最快速成長的時期，年平均經濟成長率達8%以上，國民所得快速成長，中產階級增加。「衣食足而後知榮辱，倉廩實而後知禮義」，中產階級的興起，對社會公平的相關議題更加關心，對社會福利相關制度更加熱心參與，這也是推動台灣社會工作邁向專業化的重要力量。

## 二、政治決策的演變

在政治環境的需要上，社會安全乃為各民主國家所必須一致採取的主要政策，因此對於社會工作的發展，也自然而然成為一種很大的推動力量。

### (一)民主憲政對於社會權的確認

社會權就是在法理上公民有受國家保障，就業的工作權、弱者的生存權及智識的享有權；具體的說，社會權就是指工作權、生存權及教育權等。

### (二)國際政治的影響

1944年「國際勞工組織費城憲章」、1945年「聯合國憲章」及

1948年「聯合國人權宣言」等重要文獻，分別對於社會安全之目標及其實現做了明確的規定，因各該規定均具有時代意義，該精神包括：

1. 「大西洋憲章」——該憲章第五項：「促成全世界各國於經濟上之充分合作，以謀所有各國人民勞動標準之提高，經濟進展及社會安全。」第六項：「促使全世界各國在其本國境內安居樂業，並促使全世界人類悉可自由生活，無所恐懼，亦不虞匱乏。」

2. 「國際勞工組織費城憲章」——該項憲章係經1944年5月在美國費城舉行會議所制定，目標即：「全體人類不分種族、信仰或性別，均有權在自由、自尊、經濟安全與機會均等條件下，謀取其物質幸福與精神發展。」該宣言認為：「充分就業與提高生活水準；工人就業時，務使其所擔任職業可充分發揮其技能與造詣，俾對大眾的幸福可做最大之貢獻；未達到此項目的，及予一切有關者以適當保證，須有訓練轉業的設施。關於薪資與所得、工作時間及其他工作條件的政策，以保證將進步效果做公平分配為目的，以及給予一切被雇者與需要此種保護者，以最低生活工資，俾使一切需要此種保護者，得有基本的收入，並供給完備的醫藥設施；各業工人生命與健康的適當保護；兒童福利，與孕母保護規定，適當營養，住宅及娛樂與文化設施的規定，及教育與職業機會均等的保障」等。

3. 「聯合國憲章」——該項憲章第五十五條規定：「社會福利服務工作為造成國際間以尊重人民平等權利，較高的生活態度，全民就業及經濟與社會進展。」

4.「聯合國世界聯合宣言」——該項宣言二十二條:「個人均為社會的一員,具有享受社會安全保障的權利,(1)凡人均得享有從事工作、職業的自由選擇、公平而有利的工作條件及對於失業保護的權利。(2)凡人應無歧視,從事同等工作,即享有同等報酬的權利。(3)凡從事工作者,為保證其本人及家屬之於人類尊嚴的生存,有接受公平報酬,及於必要時,基於其他社會的保護手段,接受補助之權利。」

　　就以上各項文獻有關社會保障的各項規定,可知社會工作不僅被視為「解決貧窮」的手段,且為當前國際社會所寄予重望,是以將其範圍予以擴張,任務更予強化。我國政治發展從威權體制到社會民主;社會決策在匯集民眾期待,從以往「由上而下」(top down)轉為「由下而上」(bottom up),各種社會福利團體結盟,「社會工作專業協會」成立,對催生社會工作專業制度都發揮關鍵的影響力量,有利於社會工作專業發展。

### 三、社會條件的具備

#### (一)從民間非營利團體開創到政府主導

　　早期台灣社會工作主要是由民間非營利團體,特別是教會,扮演著主要的供給角色;1980年代中期以後,政府開始介入社會工作專業制度的建制。

#### (二)從殘餘模式到制度模式

　　台灣社會工作發展,從1950年代的「殘餘模式」(residual model)逐漸發展到1990年代的「制度模式」(institutional

model），在制度建立及經費預算等方面，都是逐漸完備。

## (三)從功能結構觀點到衝突批判觀點

社會工作研究觀點，有「結構功能觀點」（structural functional perspective）與「衝突批判觀點」（conflict-radical perspective）兩種。以1980年代為研究觀點轉變的分水嶺，在此之前，社會工作研究採取靜態德政惠民的「結構功能觀點」；1987年政治解嚴後，社會多元結構興起，社會變遷瞬息萬變，在政策研擬與工作推動納入「衝突批判觀點」，社會工作面臨不同利益團體的挑戰。

## (四)從單一因果到多元面向

社會工作研究對導致社會問題原因的解釋，早期較採取單一歸因的觀點；因此，對解決問題的對策，也採取單一因果的看法。1980年代以後，瞭解到社會問題成因的複雜，因而採取多元的對策。

## 四、專業教育的落實

任何制度的形成與發展，不僅要在客觀上因應社會需求，並且要有周全的制度，綿密的作為，才能順利形成而趨於發展，而社工專業教育係社會工作不可或缺的重要環節，其內涵為：

## (一)專業知能

社會工作須建制於專業的基礎，該專業包括具有科學性理論、專業教育培育及專業證照。早期台灣社會工作在課程內容與研究觀點上，皆從歐美大學或研究機構直接引進，是歐美經驗的移植。

1980年代以後，隨著實證研究的成熟和普及，面對新興的社會問題，如外勞問題、外籍配偶、單親家庭等，社會工作開始專業性的探討，並企圖建立解決問題的專業模式。

## (二)組織基礎

從非專業到專業，台灣社會工作發展由民間宗教團體開其端緒，主要是由宗教力量推動社會服務工作，引進西方社會工作方法。1980年代醫療機構開始推動臨床社會工作，並逐漸在公立社會福利機構引進社會工作員。1997年「社會工作師法」立法通過後，社會工作專業制度取得法制的基礎，以利社會工作的專業落實。

## (三)專業人員

任何社會保障措施，必須有充足的專業人員，執行各種助人方案，該項人員無論是源於公共部門，或是民間志工，皆為推動工作的根基。

 **貳、社會工作的建制理念**

社會工作專業致力於提升個人、家庭、團體、組織與社區的社會功能，期使社會中的每一個人都有幸福美好的生活。社會工作的宗旨目標也正是社會福利制度的理想。從歐美社會工作專業的發展歷史經驗看來，專業的發展與社會福利體制的演進高度相關。我國社會工作專業發展的過程與歐美有所不同。台灣地區專業發展的主軸，自始是以成為社會福利體制內的專業助人者為基礎。而歐美國家之社會工作專業發展包含兩個主軸，其一是推動社會改革與社會

福利制度的進步發展，另一軸線才是成為社會福利體制內提供服務的主要專業（陶蕃瀛，1991）。

英國社會學家韋倫斯基（Harold L. Wilensky）曾指出，社會工作的關鍵是政府保證所有公民享有最低標準的收入、營養、健康、住宅、教育和就業機會，公民享受這些服務是根植於國民的受益權的落實，而不是接受慈善家的施捨。他認為，社會安全保障既是現代社會一個龐大、統整的機制，同時包括：第一，社會工作的主要原則，是國家有義務把充分就業置於政府政策所支持的社會目標的首位；第二，社會工作是揚棄國家對其公民不承擔任何義務的自由放任理論，同時必須承擔防止貧困和不幸、向公民提供他們所需要的最低生活援助；第三，社會工作是運用國家權力對自由市場經濟進行調節，使之提供日益增多的經濟營利，政府先透過稅收將這種營利收歸國家，再利用社會政策進行重新分配，以此促進平等；第四，國家政策的方向是保證利用自由民主的程序來滿足公民的需要和願望；第五，社會工作是一種混合經濟制度，該制度包括有社會、政治、經濟等諸方面的內容。

社會工作是為解決社會問題之集體策略，亦是滿足社會需求的集體設計。二十一世紀現代化國家的福利政策必須以實踐社會正義，提供人民基本的生活安全保障，藉以提升生活品質，創造一個祥和、互助、公平、多元化的社會為目標。因此社會工作應以民眾需求為導向，並定位為全民性、積極性和前瞻性。在妥善的整體規劃下，社會工作應充分發揮預防、消除、減緩社會問題的積極角色，成為社會團結的媒介，進而發揮其助人自立的功能。

回顧我國社會工作發展歷史可區分為下列各階段：

1.第一階段：從1945年至1964年，主要是以職業別的軍、公、

教、勞工保險，以及傳統的社會救助為主。

2.第二階段：從1965年至1978年，此時期以加強社會福利措施，增進人民生活為重心。

3.第三階段：從1979年至1989年，在立法上，1980年公布「老人福利法」、「殘障福利法」、「社會救助法」、「私立學校教職員保險條例」，1982年「公務人員眷屬疾病保險條例」、1983年「職業訓練法」、1984年「勞動基準法」、1989年「農民健康保險條例」、「少年福利法」等。

4.第四階段：從1990年以來至本世紀初，強調自助、以家庭為中心、專業化、社會保險取向，以及公私夥伴關係的社會福利。主要的目標是「穩健中尋求創新，變革中謀求公平」，使人民有尊嚴的生活；期盼能合理分配社會福利資源，建構溫馨與安全的福利網絡，加強婦幼保護，提升老人居家服務品質，強化家庭支持體系，並積極維護老人、身心障礙者、兒童、婦女及低收入者等弱勢族群的基本安全與權益。

當前民眾對政府推動社會福利的需求日益殷切，顯示社會保障更需積極主動，以謀求民眾之福祉。因此須根據社會之人口結構、社會需求與經濟發展等因素，積極推動各項社會工作助人專業。

隨著社會工作的發展，未來的努力方向為：創造出社會工作者本身所特有的「公共領域」，透過共同討論、參與以及以集體行動、甚至是政治參與的方式，來與決策者進行協商，以「追求更具公平正義的社會」，成為邁向成熟的公民社會的角色與力量。

## 參、社會工作與社會保障

　　按照社會保障論者的觀點，其基本內容是：在混合的經濟制度下，由政府實行充分就業、公平分配、社會福利等政策，以消除自由市場的失業、貧困、不平等等弊端。其主要特徵和實質是：政府對國民收入做有利於勞動者的再分配；透過賦稅制度徵收富人的部分收入轉交給窮人，實現各階層居民收入的均等化；消除經濟上和社會上的不平等，消除物質方面無保障、匱乏、貧窮等現象；實現充分就業；推行國有化、計劃化及公共工程政策等。具體來說，社會保障論的主要內容包括以下幾個方面：

### 一、收入均等化

　　社會安全論者把收入均等化看作是重要目標。因為公平分配是每個人應當享有的天賦權利，而自由市場的一個嚴重弊病是財富和收入分配不平等，因此，國家應該採取措施如實行一些社會改革，使財富和收入實行累進所得稅，同時舉辦各種社會福利事業。政府透過這兩個方面的改革，就可以把一部分財產和收入從富人手中移轉到窮人手中，實行有利於窮人的再分配，使富人不那麼富、窮人不那麼窮，從而促進平等。由於個人所得稅是累進的，具有把收入從富人那裡再分配給窮人的功能。

### 二、福利社會化

　　福利社會化是社會保障的另一個重要目標。為了消除社會中存在的貧窮現象，國家應該舉辦社會福利事業，建立社會福利制度，

以便民眾因失業、疾病、傷殘、年老等原因失去工作，喪失勞動能力而無法維持生活時，政府能給予適當救濟，使其生活得到一定的保障。社會福利包括社會保險、失業救濟、衛生保健、家庭補助、養老金以及提供國民住宅、教育文化活動等社會服務設施。透過建立這些社會福利設施，就可以保障人民的最低生活水平，並使大多數人享受到較好的物質生活。社會福利制度相當程度是一種收入保障，它之所以由政府來承辦，主要是由於這種事業包含有濟貧的性質，無利可圖或獲利太少，私人無力承擔；還有一部分社會福利事業，如各種補助、公益設施等，是政府利用賦稅收入舉辦的。

## 三、就業充分化

「充分就業」是社會安全關心全民福利的一項重要經濟政策和措施。它是凱恩斯（John Maynard Keynes）針對資本主義大規模的經濟危機而提出的政策。他認為，充分就業並不意味著完全沒有失業，而是指除了摩擦性失業和自願性失業以外，消除了非自願失業時的一種就業狀態。非自願失業是指願意接受現行貨幣工資和工作條件但仍然找不到工作的失業。只要政府採取必要的政策措施，非自願失業是可以消除的，從而可以達到充分就業。政府實現充分就業的政策措施主要是：在失業增加時，實行膨脹性的財政政策和貨幣政策，即擴大政府開支、降低稅收，同時降低利率、增加貨幣供應量以刺激私人投資和消費；在失業減少、出現通貨膨脹時，則實行緊縮性的財政政策和／或貨幣政策，即減少政府開支、增加稅收，同時提高利率、減少供應量以壓縮投資和消費需求。透過採取這些反危機的措施，就可以有效地避免經濟危機，實現經濟持續成長和充分就業。英國、德國、法國等主要國家都曾先後推行過這種

收入政策。

## 四、經濟混合化

　　社會安全較強調把國有化、計劃化和公共工程等納入國家管制，以確保民眾可以公允使用，但自由主義思維不主張過度地實行私人經濟的國有化，於是有「混合經濟」（mixed economy）的主張。混合經濟既包含有以利潤為動機的私人企業因素，又包含有集體主義因素。強調的是一種雙重結合——私人企業和政府的合夥關係。在這一合夥中，私人企業生產所有物質產品，政府的任務是提供社會服務和設施，相互合作以達成社會安全的目的。在混合經濟制度下，政府和私人兩個方面的主動性和控制權都可以同時保存；私人經濟關心利潤，國營經濟關心社會福利。因此，這種制度可以兼顧效率和社會需要。而且，要增加政府開支，就必須擴大國民生產總值，而要擴大國民生產總值，私人經濟就必須獲得發展，政府就必須為私人經濟的發展創造各種條件。

　　第二次世界大戰以後，各先進國家先後開始了社會安全的實踐，大幅提高國民福利，完善社會保障制度。到1950年代至1960年代以後，形成了以社會保障為基本內容的完整社會福利制度。隨著社會保障制度的擴充和社會福利服務的提升，形成了有關社會安全的新發展方向。

 結語

　　就社會工作發展的歷史脈絡而言，社會工作專業的社會位置介

於公私領域之間，處在個人、家庭、社區、國家之間，一方面保障個人需欲的滿足，另一方面在福利國家體制與社區的支持下協助家庭照護其成員，執行社會保障的功能。

　　社會實務工作者為台灣社會提供不同型態的社會服務。社會工作的服務內容與方法也隨不同階段有所提升以符合社會需要。今日面對台灣社會在人口結構、家庭型態、經濟政治及科技通訊巨大的轉變，社會工作實務面對許多新的挑戰。需要政府、社會工作者與學術界共同面對合作，來對社會大眾的需求提出適切的回應。

　　目前我國正處於社會快速變遷的轉型階段，一切施政作為，自應掌握社會脈動；社會安全保障業務涵蓋既廣且雜，且多與民眾權益密切相關，往後宜本著「回應民眾需求、增進民眾福祉」的基本信念，以「家庭化」、「社區化」、「均衡化」、「民營化」、「專業化」、「志工化」為政策取向，並以「需求」、「積極」、「效率」、「前瞻」、「均衡」及「整合」等原則為推動社會工作的方針，建立一個適合我國國情的社會保障制度，並兼顧國家資源有效運作，公平分配，量力而為，有步驟地循序漸進，以老弱身心障礙者同胞均能獲得妥善照顧為基礎，進而達到人人安居樂業，社會安康祥和的目標。

# 問題與討論

一、請說明為達成社會安全政策與措施,社會工作基本
　　原則有哪些。

二、請說明社會工作的建制背景。

三、請說明我國社會工作自歷史回顧,可分為哪些階
　　段。

四、請從福利先進國家的經驗說明社會安全論的主要內
　　容。

五、請說明社會安全保障業務涵蓋既廣且雜,宜本著哪
　　幾個方向發展。

# Chapter 3

## 社會工作者的專業修養

前言

　　專業社會工作面對社會轉變，應秉持著人權及社會公義等原則，在人與環境互動中進行介入，強調運用人類行為和社會系統等理論，解決人際關係問題以及個人的充權和自由，藉以改善人類的福祉。

　　就社會工作的歷史演進而言，已從消極性的治療邁向積極性的預防和促進。而社會工作的未來發展是否更能契合社會的需求，並為我們社會提供必要的貢獻，除端賴從事該項工作者把握專業的方法外，更在於充分發揮此工作特有的倫理、價值與哲理，方有以致之。社會工作用不同方式致力回應人與環境之間多元化且複雜的事情，其使命在於使所有人都能夠充分發揮其潛能，豐盛其生活及預防功能受損，專業社會工作的焦點在於解決問題和轉變。嚴格來說，社會工作者就是改變社會和所服務的個人、家庭及社區的中介者。該過程是需要一套互相關聯的價值觀、理論和實務的系統，以發揮其專業。

 壹、社會工作者的倫理

　　「倫理」（ethics）本是指人倫的關係，為人與人相對待的道德守則。倫理，是規範社會行為的價值意識，與確定社會秩序的價值原則。正因為倫理所具備對行為的規範力量，因此假如不遵從，一定會產生破壞秩序的後果，甚至影響到關係者本身的存在，變成一種自我毀滅的情況。而倫理是規範社會行為與社會互動的必要基

礎，基於生存和發展的需要，自覺地建立起來的一種共識。違及倫理，雖不必受到法治機關的制裁，然而卻會受到其他同業或從屬的關係者的抵制。

　　為使倫理能為人們關係的規範，倫理有時須以正式性的條文，公開地揭示於日常生活之中。舉凡對各級各類人員的職責、職權和義務等，所明訂的規範。因為經過該規範的建立，不僅有助於專業人員的界定、遴用、培訓、服務、業務等，同時也保障了受助者的權益，並提升該組織的專業屬性與成員的認同感。社會工作倫理，是社會工作依據其哲學信念與價值取向，發展而得的一套倫理實施原則，以作為引導和限制助人活動的依據，其目的不外乎：

1.為專業行為的指針。
2.為社會工作人員實現社會工作的功能時，所運用的原則。
3.為評斷社會工作實施的效能。

　　為此，社會工作倫理呈現出工作者在助人關係中對案主、對同僚、對機構、對專業的義務與職責，以確保社會工作服務功效的充分發揮。社會工作倫理的具體表現在於社會工作的專業守則。守則是從業人員道德規範與修己善群的服務圭臬，由於社會工作不僅是一種謀生的手段，也是人生的一種責任，愈是與人發生直接關係的職業，其所負的責任愈重，為能使從業者能善盡職責，就必須有遵循的規範，此規範就是倫理守則。為了保證社會工作專業的一致性，以及服務的功效，發展一套共同的倫理守則，解決衝突，引導行動是必然的趨勢。專業倫理守則的訂定，對專業地位的爭取、確立，有其助益，其內容規範了社會工作人員：

1.應有的行為、態度。
2.對案主的道德責任。

3.對同僚的道德責任。

4.對雇主與服務機構的道德責任。

5.對社會工作專業的道德責任。

6.對社會的道德責任。

社會工作專業本於人類發展和行為以及社會系統等理論，去分析複雜的處境和促使個人、組織、社會和文化的轉變。為此，社會工作倫理有其對專業工作提綱挈領的功能，謹提出我國社會工作倫理守則如下：

### 一、秉持愛心、耐心及專業知能為案主服務

社會工作者服務案主必需之基本態度——愛心、耐心，與基礎方法——專業知識、技能。案主為社會工作學理上對「服務對象」的通稱，係指目標系統，其範圍可以是個人、家庭、團體、組織、社區或社會體系，及其周遭相關之人。

### 二、不分性別、年齡、宗教、種族等，本著平等精神，服務案主

社會工作者的基本信念，要保持中立，不歧視，無偏見，一視同仁提供服務。

### 三、應尊重案主的隱私權，對在專業關係中獲得的資料，克盡保密責任

社會工作者對案主的資料、案情要保密，並尊重案主個人的隱

私權。「專業關係」是為完成社會工作目標,基於公益、客觀、自我瞭解而建立;用以區別日常生活中的人際關係。「專業關係」是社會工作過程中有必要建立的社會工作者與案主的良好關係,其形成的基礎在:

1.是為社會工作所計劃改變之目標體系而建立。

2.不得以社會工作者自身的利益為前提。

3.必須基於社會工作者的客觀與自我瞭解,跳脫個人問題與情緒需求。

## 四、應尊重並培養案主自我決定的能力,以維護案主權利

社會工作者要尊重每個人的尊嚴、價值與選擇。社會工作者相信每個人均有自主權,應使每個人有最大的機會去決定其生活方向。

## 五、應以案主之最佳利益為優先考量

社會工作者應以協助案主達到最佳福利狀態為目標。社會工作者相信天生我才必有用,每個人均有動機與權利去追求更滿意的生活。

## 六、絕不與案主產生非專業的關係,不圖謀私人利益或以私事請託

社會工作者應信守專業關係的分際、絕不與案主發展專業關係之外的人際關係、絕不利用專業關係圖謀私人利益、絕不為私人情

事有所索求於案主。

## 七、應以尊重、禮貌、誠懇的態度對待同仁

社會工作者對待同仁的基本態度——尊重、禮貌與誠懇；社會工作者應以敬重、禮貌、公正與信心對待同仁。

## 八、應信任同仁的合作，維護同仁的權益

社會工作者應與同仁為促進專業而合作，並彼此信任，當有所作為時，應考慮對方之利益、特性與名譽。

## 九、應在必要時協助同仁服務其案主

社會工作者代理制度的建立，在必要時應協助同仁照顧其案主。

## 十、應以誠懇態度與其他專業人員溝通協調，共同致力於 服務工作

社會工作者對待其他專業人員的態度應是和睦相處、協調溝通，社會工作者為案主的需要，應隨時與其他專業人員協調聯繫，共同合作，並一如同仁般對待。

## 十一、應信守服務機構的規則，履行機構賦予的權責

社會工作者應遵守服務機構的規定，並謹慎從事，達成服務機

構的目標。

## 十二、應公私分明，不以私人言行代表機構

社會工作者在公共場合，應能確實分辨何者是自己、何者是代表服務機構的言論與行動。

## 十三、應致力於機構政策、服務程序及服務效能的改善

社會工作者應致力於服務機構的政策與服務過程的改進，以及促進所能提供服務的效率及功效。

## 十四、應嚴格約束自己及同仁之行為，以維護專業形象

社會工作者應維持專業的信實，對於其他專業人員的不道德行為，必須採取適當的行動予以抑制。

## 十五、應持續充實專業知能，以提升服務品質

社會工作者應在專業實務上負起認定、發展與充分運用的責任；依據專業知識與技術，從事專業服務，並不斷充實自己，以確保並提高專業服務品質。

## 十六、應積極發揮專業功能，致力提升社會工作專業地位

社會工作者應維持專業的誠信，精鍊技能，發揮專業功能，保護並進而加強專業的尊嚴，對專業的討論和批評應參與並負起責

任。

## 十七、應將專業的服務擴大普及於社會大眾,造福社會

社會工作者應將專業服務普及於一般社會大眾,促進專業的充實、擴展及有效運用於實際措施中。

## 十八、應以負責態度,維護社會正義,改善社會環境,增進整體社會福利

社會工作者應增進社會的一般福利,致力於歧視的防止與消除,確保人人可公平的獲得所需資源、服務和機會,倡導社會狀況的改進。

# 貳、社會工作者的價值

社會工作發源於人道主義和民主意念,其價值觀建基於尊重全人類的平等、價值與尊嚴。自多個世紀前發軔以來,社會工作實務即聚焦於切合人的需要及發展個人潛能。人權和社會公義是社會工作行動的動機和理據。為了提倡社會共榮,社會工作專業致力團結身處不利處境者以減輕貧窮,解放受傷害者和受壓迫者。而社會工作價值觀則體現於各國和國際的專業社會工作守則中。「價值」是指:「對事物或人類特質的偏好與贊許,代表理想的世界觀以及對人應有行為模式的期待。」(Canda, 1999)若針對專業工作而論,「價值」所表述的則是:專業所偏好的事物。因此可以區分為:第一、對人看法的偏好,例如:相信人都有追求進步的欲望。第二、

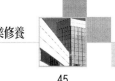

對人努力的目標，例如：人們期望社會正義的實現。第三、對服務人群的方法和工具。在 1958 年美國社工協會（NASW）提出「社會工作實務之運作定義」，社會工作者的專業基本價值為：

1.個人應受到社會的關懷。

2.個人與社會是相互依賴的。

3.每個人對他人負有社會責任。

4.每個人有共同的人類需求，但是，每個人是獨特而異於他人。

5.民主社會的實質是表現在每個人的潛能得到充分發揮，並經過社會參與的行動以盡到社會的職責。

6.一個理想的社會應有責任和能力，讓社會上的每個人有充分機會來解決困難，預防問題，以及促進自我能力的實現。

當這些價值與信念受到威脅或遭破壞時，就會有社會工作者介入，同時這些價值觀念也引導著社會工作的實施。社會工作被視為是一套價值、目的、知識與方法的組合，源於一套為社會與社會工作專業共同認定的目標，並取得社會的認可，再據此發展一套價值體系與知識體系。價值體系提供道德標準、態度以及倫理守則，知識體系則提供技術的原理原則，就此二者，展開各種助人的方法、過程與角色。

坎達（Canda, 1999）為社會工作提出了九個基本的價值觀：

## 一、人的潛能（Potentialities of man）

1.每個人都具有不同的潛在能力。

2.這些潛在能力是多方面的，包括：生理、智能、情感、社會

功能、倫理等。

3.自社會福利服務而言，每個人都有實踐其社會角色及處理人際關係之潛能。

## 二、人的義務（Obligation of man）

1.人有實現及發揮其潛能的義務，人的能力如果沒有得到發揮，則此方面必會致病。原來的生長與統合的潛能，若無充分發展亦會造成功能的喪失。

2.由發揮潛能而導向自我實現。此乃所有宗教的最高理想，亦為社會工作的最高目標。

3.社會工作關心的是人的社會生活功能。

4.人的「人性」係經由社會生活而發揮，並經由社會功能的發展而達到「自我實現」。

## 三、人的權利（Rights of man）

個人對於實現其潛能的途徑與手段，是有所選擇的，必須是與目的有關，且必須是建設性的。

## 四、人性的基本需求（Basic human needs）

1.根據各項研究顯示人均有基本的人性需要。

2.自我實現，需要由調和的發展與成長來達成。

3.社會安全保障及機會的提供，有助於此一目標的達成。

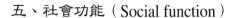

### 五、社會功能（Social function）

人的社會功能，對於達成自我實現十分重要。因為人際關係之活動，是人類真正快樂的泉源。

### 六、社會的義務（Obligation of Society）

1.社會有義務幫助個人達成自我實現。
2.此境界須由和平的秩序與公正而達成。

### 七、社會的權利（Rights of Society）

1.社會所擁有的能力，是來自成員對社會的貢獻。同時，社會有法律以約束成員，匯集力量。
2.社會工作更應由各種行動增強此一力量。

### 八、人對社會的義務（Man's obligation to society）

1.人必須經由自我實現的過程，對公益有所貢獻。
2.社會工作乃在幫助促進案主的健康程度，使其對社會有所貢獻。

### 九、自我決定（Self-determination）

1.人有能力選擇。為了自我實現，個人有權抉擇。
2.「自決」是培養責任，促進成長的主要途徑。

　　社會工作即是綜合個人與社會兩者共同肯定者，而發展出屬於此一專業特有的價值體系，這些也都具體的表現在社會工作人員的倫理守則上。

##  參、社會工作者的哲理

　　「哲學」是指：「一組信念、態度、理想、抱負、目標、價值、規範、倫理法則，以使人們瞭解存在與實體，以及賦予所在世界和歷史的意義。專業的哲學（professional philosophy）則是指賦予專業工作的意義，並提供對現實的描述與測量。」（Canda, 1999）哲學的實際價值，則在於能闡明生活的意義，以樹立生活的理想而確定生活的基礎，尤其是對於個人的精神生活，和社會的文化生活，更具有直接的貢獻。社會工作是一致力於改善人類社會與人際關係的專業。從十九世紀末期來看，當時最有名的社會觀念為：人道主義（humanitarianism）、實證主義（positivism）與烏托邦主義（utopianism），以及專業主義（professionalism）。這時的觀念，已從認為個人是罪惡的想法移除，相信人類社會的問題可以利用科學來解決；且人基本上是善良的，將問題產生的主因，歸咎於社會環境；認為如果每個人獲得適當的教育，人們將能利用科學來解決自己的問題。此四者也可說是當前社會工作哲學思潮之主流，略分述如下：

### 一、人道主義

　　「人道」就是待人接物之道，是一主張發揚人性的哲學與價

值觀念。是文藝復興時期的主要產物，反對當時以神、超自然等抽象觀念衡量一切，而主張以人為本，將注意力放在此生、此世，以及尊重人性之尊嚴與個人之價值。人道主義幾乎稱得上是社會工作的基本哲學與價值取向，其基本假定有以下七項：

1. 人生而平等，即不論所生活環境、社會地位、種族膚色、宗教信仰、政治黨派或行為模式，均享有與他人同樣的生存權利。

2. 每個人是一生物、心理與社會之有機體。人類之行為，可用科學方法及心智直覺力加以研究瞭解，且人類行為是不斷調和人類需要與其環境平衡的一種功能。

3. 人類生而自由。人是萬物之靈，是社會文化、社會制度的創造者與主人。致使社會的組成，目的在保護個人、關心個人，因此，每個人在不侵犯他人自由之下，應該享有宗教信仰、言論、出版、集會、旅行及其他生活的自由，而政府、法律與其他組織之存在則是為服務人，所以其好壞的標準，即在於其是否能促進人類的福利。

4. 人就如其他物種一樣，需要依賴自己、互相依賴且依賴自然。個人與社會之存亡息息相關，因此，個人與社會整體有維護彼此之生存發展的責任。

5. 人類不斷地努力，設法改進、預防社會病態、罪惡、不公平的社會政治制度，就是人道主義的表現。因而強調自助、自我發展是為個人成長與社區組織合作的理想方式。同時也認為人類有共同生活的需要，也有獨特不同的特點，而如何調和這些歧異的人類關係，就是人道藝術的表現。

6. 每個人，不論其年齡、身分，以及生活環境，不論在任何時

間，都必須得到尊重；不論是富有的、貧窮的；健康的、病
弱的；正常的、不正常的；社會的、反社會的，均應享有人
性之尊嚴。當社會變遷必須發生以改進社會上大多數人的福
利，並建立公平的社會制度時，那些被有計劃或無計劃社會
變遷所影響的少數人，應該獲得人道的考慮與待遇，享有固
有的人性尊嚴。

7.所有的人均有追求自由平等、自我發展、自我決定以及幸福
生活的權利。在一個現代民主自由社會中，每個人均享有生
存權、工作權、健康權、教育權、居住權、休閒權、選舉
權、參與權、服公職權、接受迅速公開之審判權，以及享有
社會福利與人道服務之權益。人道主義自成一套對人與社會
的看法，就宛如宗教的信仰般堅實。


二、實證主義

實證主義是立基於科學準則的思維體系，目的在瞭解世界如何
運作，並獲得一些原理法則，進而影響、控制。重視客觀的、科學
的知識，講求科學理念、邏輯理性、客觀性與普遍性等。對社會工
作的意義則在於方法的提供，把人當成一個獨立個體，是在社會場
域內的一個小場域，由許多勢力匯聚而成；是一個動態的次體系，
並且是大體系中的一部分，由許多動態的變項交相組合而成。帶動
社會工作尋求以科學化的方式，建構其專業知識體系，並運用經濟
學、政治學、社會學、心理學、精神醫學、生物學、人類學等科學
知識，以期有效地提供服務。人道主義是一哲學思想，主要在價值
觀與信念的提供，而實證主義的影響則在於方法與技術上的講求。

社會工作的內省，使其警醒到社會服務方案本身如缺乏效果，

要比受到預算束縛來得更為嚴重。因為案主的覺醒，資源的限制與社會工作本身的反躬自省，成為社會工作走向成效評估的必然結果，社會工作不能再耽溺於社會責任與人道主義的單向迷思，而必須是依其工作成效，說服周遭能接受此項專業服務。亦即，使助人活動有其存在的價值，不能單靠哲學來搪塞，而要靠現實中的具體成效。因此除了強調社會工作的效能外，參與此項工作者必須加強實際工作能力，尤其是評估、管理、計劃、研究、政策分析等科學的素養。

### 三、烏托邦主義

烏托邦指的是好的生活，善良的人民，至善而有責任感的社會。模塑社會工作的理想，使其對人和社會的潛能抱積極而浪漫的態度；相信人們有自主的能力與權利，也相信人性本善。社會工作的最終目標是理想社區的建立，創造使所有人的自我實現皆為可能的社會制度與政策，並促使個人潛能的發揮，以求個人的自我滿足與社會公益的增進。

### 四、專業主義

在十八世紀以前，專業是有限的，到十九、二十世紀，由於社會分工精細，需要大量的專門人才，而促使專業主義發展。強調高層次的知識與技術，主要目的在於服務人群，以案主的利益為第一考慮，且講求專業人員的客觀理性、自我瞭解、自我訓練、非形式化、負責任的行為以及對案主與同僚的坦誠、正直等特性。專業化提供了解決價值、道德衝突的準則，並對抗科層化取向。受此思潮

的影響，二十世紀的社會工作運用了極大的努力在專業地位與角色的提升，這包括將系統的、科學的程序納入實施技巧中專業教育的加強、理論建構的努力、爭取社會的支持與認可，以及專業倫理守則的設立等，以求成為一種「助人的專業」。

　　哲學對社會工作的貢獻主要在於：第一，對於人的意義；第二，對於人在社會上生活的意義和目的；第三，對於人對他人和社會的責任；第四，對於人的至善和理想的生活等課題，提出了遵循的方案和方向。而且，當工作人員面對悲傷、痛苦、憤怒與焦慮的案主時，對生活、生命的這些哲學性思考，將成為能同理、接納案主與堅定本身信念，使免於過度挫折之良方。

## 結語

　　1997年3月11日立法院三讀通過了「社會工作師法」。這項確立專業人員法規的訂定，固然是對從事社會工作者的肯定與激勵，然而社會工作是否就此能博得社會的認同與支持，則非僅憑藉一項法律的確立而被視為理所當然，因為「徒法不足以自行」。職是之故，尤賴參與該工作者能一本專業倫理、哲理、價值，以積極、努力的提升品質，則本法所揭示的宏旨，方可致之，更有助於整體社會邁向「福利國家」的新領域。

# 問題與討論

一、「倫理」是指人與人相對待的道德守則。請說明社會工作倫理基本原則有哪些。

二、「價值」是指對事物或人類特質的偏好與贊許。請說明社會工作的價值有哪些。

三、「哲學」是指一組信念、態度、理想、抱負，請說明社會工作哲學思潮的內涵有哪些。

四、請說明坎達（Canda）為社會工作提出的九個基本價值觀的內涵有哪些。

五、請說明我國社會工作倫理守則有哪些。

# Chapter 4

## 社會工作理論

前言

　　社會工作是一門應用性的社會科學知識，在落實助人的專業
上，充分借助於心理學、人類學、社會學等行為科學的學理。社會
工作知識或理論的落實，乃是鑲嵌於人群服務或政策實施的脈絡
中，亦即知識的有效性反映在對於人群服務的助益。另一方面，社
會工作專業之發展需要有系統的理論引導，以提升服務的專業性與
價值。因此，激發學術工作者對於此項領域的重視，以及認識理論
模式與實務之間相互回饋的關係，乃是提升此領域發展的重要議題
和任務。

　　社會工作的理論是根據一套源於研究和實務評估，包含國際和
本土化的知識，並以證據為基礎的知識系統。社會工作也確認人與
環境間複雜的互動，以及人的能力會因其身、心及社會因素的多元
影響而改變。社會工作專業本於人類發展和行為，及社會系統等理
論，以分析複雜的處境和促使個人、組織、社會和文化的轉變。

 壹、心理分析理論

　　新精神分析學，包括克萊恩（Melanie Klein）所領導的英國精
神分析學派、埃里克松（Erik Erikson）及弗洛姆（Erich Fromm）
等人。其原理原則如下：

一、理論預設

　　人類心理是由互相衝突的力量所構成，受到尋求快樂、躲避

痛苦的享樂原則所支配。人格作為一種由三個部分所構成的精神系統，所添加的心理動能依據在客體中投入的程度不同而有別。人格的成長要經歷過所有性心理發展的五個階段，人格形成的重要事件都發生在生命早期的五至六歲，個人意識到或知覺到本身的思想與情感。在很大的程度下，潛意識或未知的動機，對意識的行動、情感、思想產生影響。協助的過程包含揭露不正常或破壞行為的成因，動機因此是潛意識需求的表徵，欲望可藉由解析外顯行為而得到理解，協助的過程是種針對情緒經驗的矯治性措施。

## 二、實踐預設

心理分析的方法係透過檢視及說明心理徵兆的符號性本質，來重構過去的事件，特別是兒童時期的創傷經驗。發展出自我覺察與自我控制是社會工作介入的努力目標。

## 三、問題意識

人格的缺陷或心理的困擾又是如何形成的？如何去修補並重建人格的缺陷，或如何去化解掉心理的困擾？

## 四、實例模型

佛洛伊德（Sigmund Freud）認為，所有行為都受到驅力所掌控，行為的目的在反應這些心理、本能的能量，心理動力具有本我（id）、自我（ego）、超我（superego）的形式，行為受到本能與社會化交織的影響。

## 五、分析模型

意識具有三個層次，分別是意識（conscious）、前意識（preconscious）、潛意識（unconscious）。指出了人的言行暗中受到非理性的潛意識之影響甚鉅，並非如以往所想像的這麼理性以及自由。被禁止的欲望與和相關的幻想，構成了所謂「精神現實」的核心。兒童時期某些真正的誘惑行為導致日後的精神官能症。精神現實以潛意識的過程完全取代了外在現實，這兩者之間完全沒有連結。潛意識的期望、防衛及記憶強烈影響人際行為及案主的自我意像與自尊，潛意識因此成為在診斷與處遇上重要的概念。

## 六、結構模型

個體具有包含本我、自我、超我等部分。人的內在並非和諧的統整體，內在的人格結構間（本我與超我）會不斷地拉扯、分裂與衝突，從而產生種種不適，甚至因此而產生精神疾病。佛洛伊德以焦慮論（anxiety theory）來解釋精神疾病的病理，認為「自我」是焦慮的根源，也就是焦慮的存在是因，其他的症狀則是果。並且提出自我防衛機制（否認、投射、退化、潛抑、分裂、反向作用、抵消、孤立、轉移、合理化、認同、幻想等）的說法，來說明人如何處理這些焦慮。

## 七、起源觀點

性的本能或性驅力在發展的不同時期，會以不同形式來表現其對追逐快感的需要。基本上有下列五個階段：口腔期（oral）、

表4-1　性心理發展階段

| 發展階段 | 年齡 | 重要特徵 | 心理發展任務 |
|---|---|---|---|
| 口腔期 | 0-18個月 | 以咬嚼與吸吮讓自己快樂，透過此來探索世界 | 個別化、認知客體關係 |
| 肛門期 | 18個月-3歲 | 以排泄產生自我的認知 | 接受責任與控制，在權威下與他人互動 |
| 性蕾期 | 3-6歲 | 對性器官的觀察及好奇，產生奧底帕斯（oedipus）情結、閹割情結 | 在家庭中採取性別取向看待自己，證明有能力處理所在社會的倫理 |
| 潛伏期 | 6-11歲 | 超我的發展 | 運用自我防衛 |
| 生殖期 | 12歲以上 | 社會認同的強化 | 成功的工作與愛 |

肛門期（anal）、性蕾期（phallic）、潛伏期（latency）、生殖期（genital）等五個時期（如**表4-1**）。

### 八、動力觀點

佛洛伊德在《夢的解析》（*The Interpretation of Dreams*）中說：「生物功能上，這兩種本能既對立運作又彼此聯合。故『吃』一動作是物的破壞，而最終目的是要將其納入體內；『性』一行為是攻擊動作，而目的則是最親密的結合。由此二基本本能並存又對立的活動，衍生出全部形形色色的生命現象。這兩種基本本能的比喻，可由生物界推展到主宰環境的相對力量，即引力與斥力。此兩種基本本能的融合，會表現在行為的反應上。性的攻擊成分若過剩，情人會變成性殺手，攻擊成分若驟降，則會變得羞怯或性無能。」

## 九、社會工作過程

治療的任務在使案主能回想起遺忘的事件（透過自由聯想），伴隨著宣洩未抒發的情緒，洗滌或釋放、解放了原本壓抑的心理。治療技巧的發展由最初的催眠，到後來以強力建議協助案主回想，最後才採用自由聯想。治療過程的階段分為「傾聽、開始晤談（面質、澄清）、發展移情作用（transference）、詮釋性重構（interpretive reconstruction）、解決移情作用、溝通釐清（working through）、洞察體悟（insight）」。心理分析鼓勵移情作用的發生，當事人把治療師當作重要他人，盡情地呈現心中真實的情感與想法，就比較不會有隱藏或防衛等現象產生，藉此來完成案主情緒與潛意識未完成的事情。

## 十、實務應用

臨床社會工作者大多採用佛洛伊德的醫療模型，以疾病的隱喻為主要的分析方法，研究——診斷——處遇為共通的處理架構。強調在聆聽個案談話的過程中，應該要維持中立、客觀、超然的立場，盡量不要對個案的談話給予立即的回應，原因在於避免干擾到案主的自由聯想。心理分析者就像是一面鏡子，或者像一位尋找答案的偵探，或者說是一位在實驗室中的科學家，以客觀的立場觀察實驗室中的各種物理、化學的變化。心理分析所進行的治療，為一個針對人格內在衝突的化解過程；治療的機制在於化解內在心理的衝突，而化解的方法又在於讓潛意識中的衝突透過反覆的解析，清楚的呈現在意識認知之中。

社會工作應有的使命為「發展性的社會化」，而心理治療關懷

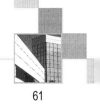

的焦點為再社會化及復原。「發展性的社會化」旨在透過提供資訊及知識、社會支持、社會技巧及機會，協助人們扮演適當的社會角色；同時協助人們處理他人與團體所造成的精神上與生理上的妨害及施虐，以及他們帶給別人所過度承擔的責任。也就是，社會工作的使命，在於處理當前社會的廣泛性問題，而不只是協助個人解決情緒、認知及行為上的困擾。最終目的在協助居民建立對於社群的共同意義、目的及責任感。

 ## 貳、理情行為治療

　　1950年代，艾里斯（Albert Ellis）發展出著名的「理性情緒治療法」（rational-emotive therapy, RET），以廣泛地用於處理焦慮、敵意、性格異常、精神異常、沮喪、性、愛、婚姻問題、兒童教養和青少年問題，以及社交技能訓練和自我管理（李茂興譯，1996）。

### 一、主要概念

　　理性情緒治療法是基於一項假設，即人們與生俱有理性的、正確的思考及非理性的、扭曲的思考之潛能。人們有保護自己、快樂、思考並以口語表達、愛、與別人溝通，以及成長與自我實現的傾向；同時也有自我毀滅、逃避思考、因循、重蹈覆轍、迷信、無耐性、完美主義和自責，以及逃避成長的傾向。理性情緒治療法把人們常會犯錯視為正常現象，試著協助案主接受自己是個會犯錯的人，並且更能和平地與自己相處。艾里斯認為人有成長與自我實現

的天生傾向，但是常因扭曲思考以及學來的自我挫敗模式，而妨礙了成長。理性情緒治療法認為，大部分的情緒困擾主要起源於責備。所以，我們應學習接納自己，儘管自己並不完美（李茂興譯，1996）。

## 二、處遇歷程

在理性情緒治療法裡，採用許多方法都是為了達到一個主要目標：「培養更實際的生活哲學，減少案主的情緒困擾與自我挫敗行為。」其他重要的目標包括：減低因生活中錯誤而責備自己或別人的傾向，以及教導案主如何有效處理未來的困難。此外，理性情緒治療法的一些特定目標為關心自己、社會興趣、自我引導、容忍、彈性、接受不確定性、承諾、科學的思考、自我接納、敢於冒險、避免太理想化、提高容忍挫折，以及為自我的困擾負責（李茂興譯，1996）。

## 三、工作者角色

幫助案主矯正想法和放棄非理性的思考。激勵案主發展一套理性的生活哲學，如此方能避免成為其他非理性信念的犧牲者。運用邏輯分析減少其非理性信念。向對方說明這些信念的功能如何不當，以及它們如何導致情緒和行為的困擾。瞭解我們要改變自己的人格與不安的傾向並不需要神奇的方法，只要樂於嘗試練習，就能改變自己的人格。

### 四、處遇技術

　　理情行為治療工作者會使用行為治療法，特別是操作制約、自我管理原理、系統減敏感法、鬆弛技術以及示範。理情行為治療法鼓勵案主促使自己逐漸減低對害怕事物的敏感程度，也鼓勵他們去做這些事。最常用的方法是工作者主動駁斥案主的非理性信念，並教導案主向自己挑戰。工作者會告訴案主，他們的困擾並非來自某事件或情境，而是對這些事件的知覺，以及他們自我告知中存在的本質問題。案主可以透過演練特定的行為而引出在某一情境中的感覺。此時的焦點在於處理跟不愉快感覺有關的潛在非理性信念。艾里斯建議運用力量與活力協助案主進行心智與情緒上的洞察，即教導他們如何在自己產生非理性信念時能引導出有利的對話，然後強力地駁斥這些非理性信念。

## 參、系統生態理論

　　「系統理論」（system theory）係以系統的觀點和途徑，描述、解釋及預測並控制複雜社會現象的學說。系統理論是在社會工作中經常被運用的理論。系統間的互動是系統理論所強調的，不只重視個體，也注重個體與環境互動的影響，是以「人在情境中」的介入觀點出發。因此，系統理論有別於一般強調個人內在動力的理論，而以鉅視的觀點來協助個體的問題。所謂「系統」係指「一組相關聯的要素，交互作用彼此合作，有系統並注意關係的思考方式以達成共同目標」，而衍生「做人處事」的道理。這些道理對社工人員而言，有兩點啟示：其一，在組織中，不但要注意組織的每個

個別元素，尤應重視組織各個個別元素相互間的關係；其二，即使是頗為單純的組織事件，其背後的原因通常很複雜，很難用單純的因果關係加以推論和尋求問題的解決。

　　系統理論可分為兩種類型，一種是一般系統理論，另一種是生態系統理論。

## 一、一般系統理論

　　社會工作中的系統理論概念來自於貝塔朗費（Von Bertalanffy, 1971）的一般系統理論，是一種生物學理論。假定所有的有機體都是系統，由所附屬的超系統（super-systems）中的次系統（sub-systems）所組成。帕森斯（T. Parsons）強調「系統──功能」或「結構──功能」或「組織──系統──互相關聯」。系統可分為開放及封閉兩種，社工人員所管理的組織，是屬於開放系統。開放系統具有下列九個特性：(1)有投入和產出；(2)能維持平衡穩定狀態；(3)能自我調適；(4)能維持次級系統間的動態交互關係；(5)具有反饋作用；(6)能不斷分化；(7)能不斷機械化；(8)具有緩解組織凋零的能力；(9)具有殊途同歸性。就所謂殊途同歸性而言，係指開放系統的初期條件雖然不同，但透過不同的方式，卻可能達成相同或類似的結果。系統理論是在維持整體的穩定。提供一個脈絡，讓人瞭解公私互動、工作者與機構的多種改變，所以關心人際互動與社會關係。

　　工作者在介入過程中必須瞭解介入中的相互系統，且清楚自己所應負擔的角色，所運用的技巧為：

1.評估問題，運用知識和經驗、物質回饋與服務、合法性的權威、所建立的關係、地位、個人權威或對資訊的控制。

2.問題陳述,每個問題必須有三個不須陳述的部分:社會環境、確定關鍵人及問題原因。

3.分析系統,建立良好關係,使角色、溝通、權力、態度、價值和目標一致;避免改變角色、運作程序、系統活動和系統變遷或其他明顯的改變。

4.思考系統如何影響社會情境。

5.設定目標,包括達成目標的步驟;決定其可行性及目標的優先順序。

6.制定策略,基本系統包含哪些對象?進入系統及資源的要點,必要的關係及預期的困難。

7.穩定所做的改變,檢視並避免因改變而對案主造成問題。

## 二、生態系統理論

系統理論常被運用在家庭系統中,認為每個家庭都是「一個完整體」(whole),以其獨特的結構、規則和目標來運作;每個家庭也都是一個系統(system),由一群互異與互賴的分子組成,依著每個家庭的動力歷程來面對種種難題,以維持家庭的平衡。與系統觀念相關聯的生態系統觀點(ecosystem),該觀點是一種動力的方法,強調個人、家庭及整個社區,每個人的生態系統都是動態的,影響個人適應情形。生態系統觀點是由西波林(Siporin, 1980)提出,該理論強調讓實務工作者從微視至鉅視的介入去做改變,不只是心理治療,也包括倡導、政策與計畫行動。該觀點整合不同經驗基礎的理論,包括社會工作、心理學及人類學。注重案主的生活問題,經由對案主的直接服務及環境干預,使案主(個人、家庭、社區……)能與環境達到良好的適應。

## (一)生態模式的要素

生態觀點在實務工作中的重要性,是在評估與介入中能考量多層面因素。生態模式包括以下幾項要素:

1. 人是受多元及互動因素所影響。
2. 強調成長、發展及達到目標。
3. 健康取向是著重全人而不是個人病症。

以生態觀點介入或預估時,可使用的工具包括行為量表、自我陳述單、結構式訪談,及觀察規則系統。行為量表是參照其他人的行為做比較。結構式的訪談是有標準的問題及反應,對案主的社會功能可提供大量的訊息,讓工作者有機會澄清問題及獲取更多詳細的問題資料。觀察規則系統是在自然與結構的社會環境中,觀察記錄行為維持的次數。

## (二)生態運用與內容

生態系統的觀點被廣泛的運用在社會工作上,其運用原則與內容為:

1. 視人與環境是不可分離的。
2. 工作者在助人過程中,與案主的關係是平等的夥伴關係。
3. 評估影響案主適應力的各個層面。
4. 評估造成壓力的生活型態與生活轉換。
5. 透過良好的關係與生活經驗,增進案主個人的能力。
6. 干預影響案主與環境適應的各個層面。

工作者運用生態觀點時,扮演六個主要角色,這幾種角色有助

於不同的層面，如個人、家庭、團體及社區：

1. 評論者（conferee）：在討論會中提出意見，這個角色是指工作者能用直接的行動幫助案主解決問題。

2. 使能者（enabler）：這個角色著重在行動，在工作者建構、安排及改變事件、互動及環境因素去協助及增強系統功能。

3. 中介者（broker）：這是社會工作者傳統的角色，連結消費者與社會支持及服務。

4. 協調者（mediator）：這個角色的行動是在社會工作者客觀的協調不同的意見及結合參與者一起行動。

5. 倡導者（advocate）：當資源或服務不足或不存時，工作者能去獲取資源或服務。

6. 監護者（guardian）：工作者在案主缺乏能力保護自己時，扮演社會控制或保護案主的角色。

總結系統理論與生態理論的特色，包括以下幾點：(1)兩者皆重視人與環境的關係，不將問題視為個人問題，注重環境轉換對個人造成的影響；(2)兩者皆強調系統的概念，注重系統間的互動，視系統為動態而非靜態，目的皆為使個人在系統互動中有良好的適應；(3)兩者皆運用多種介入方式，包括心理動力、認知治療等來達成介入目標。而工作者也皆扮演多元的角色，如使能者、評論者、倡導者等角色；(4)視系統為一體的、整合的，對於個案、團體、社區並不特別強調哪一種干預方式，而兩者皆提供一個全面的觀點，工作者在評估案主問題時，不再僅限個人改變，而能注重案主相關的系統；(5)兩者皆可避免將行為或社會現象做直線式、決定性因果的解釋，因為相同或多樣的結果顯示，能量的流動如何以不同的方式來影響系統。而互動關係、界限都是很重要的概念。系

統與生態理論強調人與環境的關係，讓工作者在考量個人時，不忘注重案主的外在互動系統，藉由系統與生態的觀點幫助工作者瞭解行為脈絡及大的生態系統。

 **肆、增強權能觀點**

增強權能亦稱為「充權」（empowerment），是社會工作新概念，充權概念及實踐的發展是社會追求平權的回應，這是肯定人的自身價值的一種主張。充權取向（empowerment approach）是1990年以來，社會工作理論發展及實務操作趨勢之一，其主要關注受壓迫者與環境的關係，期能藉由提升個體自覺及自我效能，來影響環境結構之改變，使個體在環境中可以激勵、創造。增強權能這個概念在社會工作範疇內提出，可以說是反映社會需要的界定從物質的有形匱乏發展到社會關係的無形匱乏（社會地位及權力關係）。因而，社工服務的主要對象——弱勢社群，他們的需要便不再局限於物質條件的改善，而擴展至他們的社會地位及權力分配的公平及合理性。社工的關係是弱勢社群是否被排拒於社會主流之外：從物質匱乏的消除到社會決策的參與都變成值得爭取的工作目標。

## 一、發展背景

所羅門（Barbara Solomon）在1976年著作的《超脫無力感》（*Black Empowerment:Social Work in Oppressed Community*）中，提出了「增強權能」的觀念。增強權能的內涵是要協助弱勢群體或個人，排除各種主觀和客觀的障礙來感受本身的力量，經由其自身的

正面經驗來激發內在的動力。

## 二、基本假設

由於個人經驗深切而全面性的無力感，以致無法與環境交流、實現自己。強調與案主建立一種協同的夥伴關係，將案主視為有能力、有價值的個人，而權能可以透過社會互動增加以衍生更多的個人及人際權能。

## 三、社工取向

增強權能理論的運用，是近年來社會工作者在面對個案輔導工作時，融入的概念與做法，讓個案成為有能力發揮潛能的人，能夠面對自己的問題、解決自己的問題，社工的處遇只是一種陪伴，最終的目的是讓個案成為有能力的人，主動積極為自己爭取最佳的利益。因此強調尊重案主自決原則及自我實現的目標，承諾案主充分參與干預計劃的訂定。是一種由自我成長匯集成更廣大的社會改變之發展過程，一種高度自尊、效能及自控感的心理狀態，一種解放行動，由教育、政治參與、集體性行動、改變結構的社會運動。

## 四、處遇原則

重視干預個人及其環境的雙焦點體系，一方面強調透過教育與自助活動提升案主系統的意識覺醒、基變思考與倡導技巧，一方面建議透過集體性行動向有關的系統制度進行示威。

對平權的追求，二次大戰後民族解放運動（民族平權）、民權

運動（公民平權）、福利國家的發展（社會平權），以至婦女解放運動（男女平權）。把弱勢社群的充權放在這個較宏觀的視野下，我們可以看到人類社會對平等的追求是愈來愈多元化，愈來愈有深度。社會弱勢社群的匱乏，無論是心理、生理以至社會性的；無論是基於被壓逼、剝削抑或是社會結構轉變產生的，都應該得到社會正視，而加以改善。這可以說，從平權深化為充權，是在不同層次肯定人類本身的價值，而這價值不該因為民族、膚色、性別、階級、收入不同而有所差異。

##  伍、基變社會工作

　　基變社會工作者把專業的社會工作實施視為由一組批判性假設所支持，此組假設構成特定問題界定和解決方法。對基變者而言，科層的興致把社會問題分割到各部門，如此可相互影響且驅策專業的傳遞進入專門化。此種遵守科層規定和互動關係及專業的傳統承諾，窄化工作者和案主互動的關係。1930至1960年代的基變實施者認為，要改善受壓迫團體的環境，只有在較大領域中才能實現。於是他們發展政治和組織的技術，以動員群眾對抗影響案主的集權現象（林萬億，1992）。

### 一、基本假設

　　基變者認為專業關係不斷使用階級分工、拘泥形式化的專家、證照資格等來強化案主和工作者清楚的社會區隔，他們把案主和工作者間的層級關係看成專業社會工作實施的特徵，且認為專業社會

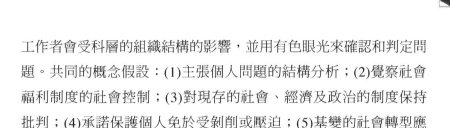

工作者會受科層的組織結構的影響，並用有色眼光來確認和判定問題。共同的概念假設：(1)主張個人問題的結構分析；(2)覺察社會福利制度的社會控制；(3)對現存的社會、經濟及政治的制度保持批判；(4)承諾保護個人免於受剝削或壓迫；(5)基變的社會轉型應同時解放個人與改革社會（宋麗玉，2002）。

## 二、處遇過程

政治與經濟結構對弱勢族群造成不公平、壓迫和疏離是案主問題的根源；而其處遇目標為協助案主意識覺醒，認識其問題的結構因素，提升其自我價值感，重視其物質資源的不足問題，並鼓勵案主參與社會運動以徹底改變社會結構（宋麗玉，2002）。

## 三、處遇原則

當社工員與案主個人工作時，應協助其瞭解造成案主與社會疏離的壓迫來源，以提升其自我價值感，重視其物質資源的不足問題，最後仍應以倡導方法與集體性行動向有關單位表達案主問題與需求。主張「結構分析」（structural analysis）架構來解釋案主問題的因果關係，以避免傳統社會工作的實施過於強調個別化的情形，造成「責怪受害人」之嫌，而未真正解決或降低案主所在社會情境條件的壓迫與剝削（宋麗玉，2002）。

## 四、處遇目標

降低主流意識型態對個人行為與信念的影響限制；減少制度性的壓迫與剝奪；減少社會標籤化的效應；及促進個人的改變與管

控社會變革的能力等四個方向。福科（Fook, 1993）提出一個多元系統的干預策略模式：如科層體制的干預、提升案主的自我覺察系統、提供倡導與增加權能的技巧、建立平等的專業關係、提供社會教育、動員社會資源。

### 五、意識覺醒

對社會工作創造了一個理論環境，使得增強權力（empowerment）、辯護（advocacy）和意識覺醒（consciousness-raising）等觀念能導入對社會工作的省思。基變社會工作強調於對「傳統」社會工作，諸如以心理學解釋社會問題，及視既存社會秩序為理所當然的批判。

##  陸、後現代社會工作

現代主義崇尚科學及講究精確方法，而後現代認為人是自然的解釋者，也是宇宙的觀察者，可透過科學改造和利用世界並控制世界，以證明自己、肯定自己，使自己處於主體地位，把注意力局限於第三者——語言、注重解構、散播非連續性、去中心、消解統一性，從普遍的合法性到對彼此更多瞭解和尊重的做法；並強調本土經驗意義及脈動關係。

### 一、基本觀點

反對任何權力的中心，即沒有絕對的真理如科學典範移轉的可能，既然無絕對的真理，各種理論都須被尊重，但也不可視為絕對

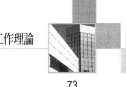

真理。強調對抗社會不正義（social injustice）與協助弱勢者爭取平
等機會、強調人的個別差異、維護少數族群與低下階層的權利，及
為社會邊緣人的喉舌。因此社會工作「專業化」、「科學化」也是
順應「現代化」的主流文化、價值和標準；進而對社會邊緣人的維
護及「差異性」的尊重。

## 二、實務作為

後現代新思維強調本土意義與脈動關係。以本土的經驗如何
將社工專業應有的角色與地位充分發揮。如慈濟基金會的「國際賑
災」採及時、直接、重點、尊重及務實五大賑災原則，強調將關懷
親自送達最需要的災民手中，並同時對捐助者的徵信工作等，進而
建構本土社會工作理論，以符合本土文化脈絡的需求，達到案主真
正的需要。

## 三、處遇原則

強調差異性、多元主義，重視不同，包括各種不同行為與本土
性。並強調多元並存，相互尊重的概念，此與社會工作專業重視服
務對象的獨特性、文化性及所在之社會結構與脈絡相同。社會工作
者介入的目的不是將服務對象帶入主流文化的再社會化，而是去傾
聽及觀察服務對象的文化與社會背景的特殊性，協同其將被壓抑的
聲音釋放出來，以重視案主群的差異性及其本土性。也就是實務工
作者與案主的互動要建立在尊重差異性上，且重視案主參與及增權
（Payne, 2005）。賦權的目的在於幫助案主尋找自己問題的解決之
道的因果媒介（cause agents）；讓案主瞭解社會工作者的知識和技

術是案主可以使用的；讓案主瞭解在解決問題時，社會工作是朋友也是夥伴；讓案主瞭解權力結構是複雜的，且只有部分是可開放、可影響的。

## 四、處遇過程

強調反學科中心，走向統整連貫；反極權中心，趨向多元發展；反目標導向，以案主為主體。所以社會工作教育課程設計也必須採多元文化的觀點，讓各種文化及族群論點能為案主所接觸、理解、尊重、欣賞和維護。強調接受服務者自行敘述觀點，取代社工者的自我價值判斷，此與後現代強調非標準化、反對普及性規則及反合法性的觀點是一致的。同時，後現代的反類別化也提供實務工作者一個反省的機會。

## 五、意識覺醒

協助過程中，社工員不宜過分具專家意識，須自然、開放，且在實務技巧的運用中發展工作員個人的風格和創造力。社會工作者使用增權（empower）與案主關係的互動，及共同發展創造性的職務工作；社會工作者宜用開放資訊的方式，不要使用專業語言，能讓案主自我表達；社會工作者不是社會的代言人，而是可提供個人的服務，減少被流行文化控制，不要執著於絕對性的倫理與合理性，或是相信所謂真正客觀的事實，強調系統與人的連結，而非強調社會工作者單方面的專業表現（performance），回歸到社會工作的宗旨——追求社會正義（Payne, 2005）。

結語

　　社會工作的理論是根據一套源於研究和實務評估，包含在地和全球化的知識，並以證據為基礎的知識系統。社會工作也確認人與環境間複雜的互動，以及人的能力會因其身、心及社會因素的多元影響而改變。社會工作，是一門助人的專業，相對於醫學關注在人類生理運作，心理學關注在個人心理現象，社會工作的焦點在於人類與環境的互動，目的在協助個人、家庭、團體、社區能適應所在的社會環境脈絡，增強或恢復其社會功能，以預防或舒緩社會問題。

　　社會工作用不同方式致力回應人與環境之間多元化且複雜的事情，其使命在於使所有人都能夠充分發揮其潛能，豐盛其生活及預防功能受損，專業社會工作的焦點在於解決問題和轉變。嚴格來說，社會工作者就是改變社會和所服務的個人、家庭及社區的中介者，社會工作是一套互相關聯的價值觀、理論和實務的系統。

# 問題與討論

一、社會工作專業之發展需要有系統的理論引導，請說
　　明心理分析理論的內涵。

二、社會工作專業之發展需要有系統的理論引導，請說
　　明理情行為治療論的內涵。

三、社會工作專業之發展需要有系統的理論引導，請說
　　明系統生態理論的內涵。

四、社會工作專業之發展需要有系統的理論引導，請說
　　明增強權能觀點的內涵。

五、社會工作專業之發展需要有系統的理論引導，請說
　　明基變社會工作的內涵。

六、社會工作專業之發展需要有系統的理論引導，請說
　　明後現代社會工作的內涵。

# 第二篇

# 基礎篇
——藉微觀操作，以說明實務內涵

# Chapter 5

## 社會個案工作

前言

　　社會工作創始人之一里士滿（Mary E. Richmond）認為：「社會個案工作包含著一連串的工作過程，以個人為著手點，透過對個人以及所處社會環境做有效的調適，以促進其人格的成長。」（Richmond & Hall, 1974）社會個案工作是社會工作專業服務的一種方法，也是一種最基本的、最普遍的，以及最複雜的助人專業的程序。現代社會中的許多個人為了營生及展才，也為了要發展其社會功能，常須借助此種專業服務方法，才能有效面對困難和解決問題。因此，社會個案工作已成為現代社會中一種重要的助人專業方法，它也是一種以科學化和藝術性服務人們的方法。

 壹、社會個案工作的定義

### 一、定義

　　社會個案工作的定義有多種，較具代表性的大致上可分為（Richmond & Hall, 1974）：

#### (一)強調專業方法

　　社會個案工作是一種社會工作的方法，這種方法是促使案主透過一種一對一的專業關係，運用各種社會服務，以增進其個人和一般（社會）的福利。

### (二)強調藝術作為

　　社會個案工作是一種藝術，它使用人類關係的科學知識和改進人際關係的專業技術，以啟發與運用個人的潛能和社區的資源，以增進案主與其所處環境之間較佳的適應關係。

### (三)強調治療成果

　　社會個案工作是一種心理暨社會治療的方法，它認為個人社會功能的喪失或不良，是同時受到案主本身內在的心理因素和外在的社會環境因素的影響。因此，個案工作即在致力於個人內在需要充分的滿足，和個人社會關係的功能表現。

### (四)強調行為改善

　　社會個案工作是一種由個人入手的社會工作方法，運用有關人類關係與個人發展的各種科學知識與專業技術，以瞭解失調的個人，激發其潛能並協助個人調整其社會關係，並運用社會資源，以改善個人的生活及增進個人與社會的福利。

## 二、特質

　　就上述的定義，可以歸結出社會個案工作的特質：

1.社會個案工作的本質，是一種由個人入手的社會工作方法。
2.社會個案工作的實施，必須具有現代人類關係，與個人發展的各種科學知識以及從事有關人類關係調整的專門技術。
3.社會個案工作的方法與過程，是一方面要運用專業的知識與技術來瞭解個人，引發個人的潛能，改變其對人生或某一問

題的態度,協助個人調整其社會關係。並且,協助個人運用
社會資源,以改善其社會生活。

4.社會個案工作的目的,是要協助失調的個人,改善其生活,
增進其幸福,但須不妨礙他人或社會的利益。

「個案」是指在社會工作服務過程所遭遇到的情況或事件,
或針對服務過程所思考的案主之難題、癥結或關係而做成的一種描
述。所以,個案可以是一個「個人」的心理困擾、一個「家庭」的
問題、一項「事實」或是一組「事件」。在社會工作專業服務受到
佛洛伊德所建立的精神分析理論影響,認為案主的問題與行為模
式,是受到其早年生活經驗、人格特質與潛意識等內在因素的影
響,因此,在進行案主問題的評定(assessment)時,社會工作者
不能只針對表象問題進行處遇,而是必須協助案主整理、釐清生活
經驗對其目前問題的影響,透過問題內在肇因的處理,協助案主進
行人格改變與重整,才能達到問題解決的目的。由於個案工作的特
質,使其服務領域廣及於「家庭社會個案工作」、「兒童社會個案
工作」、「學校社會個案工作」、「醫療社會個案工作」、「矯治
社會個案工作」等領域,並獲得相當的成效。

##  貳、社會個案工作的功能

社會個案工作是這樣的一種工作方法,它採用直接的、面對
面的溝通與交流,運用有關人際關係與個人發展的各種科學知識與
專業技術,對案主(個人或家庭)進行工作;它經由提供物質幫
助、精神支持等方面的服務,協助案主解決困擾他們的問題,並改
善其人際協調能力,完善其人格與自我,增強其適應社會生活的能

力，以維護和發展個人或家庭的健全功能，增進其福利。社會個案工作是屬於「微視面」社會工作的實施，其目標著重於補救與復健層面。個案工作除了提供必要的資源以改善環境外，更重要的是「運用心靈的直接影響以增進人們的人際適應能力」（Richmond & Hall, 1974），是促使個人及其家庭改變心理姿態、生活態度和行為模式，強化其適應生活和環境的能力，促進其潛能的進一步發揮，以促成建設性的自我發展與成長。只有這樣，才能從根本上解決問題，防止舊問題的復發，阻止新問題的產生。

其主要的功能係包括下列諸項：

1.促進個人和家庭改善生活環境。

2.促進個人和家庭改變生活態度。

3.促進個人和家庭改變行為型態。

4.促進個人和家庭改變心理動機。

5.促進個人和家庭的生活調適能力。

6.促進個人和家庭發揮潛在能力。

為了達到上述的功能，社會個案工作者往往須經由下列步驟以達成助人的目標：

1.接受案主並形成協助的關係。

2.認識案主的困難與問題的性質。

3.發掘案主的需要和努力的方向。

4.尋求解決問題的可行途徑。

5.採取主動及改變的傾向。

6.著手處理困難和解決困難。

7.給予案主必要的激勵。

8.提供有效的成功經驗。

9.積極面對現實的態度。

10.發展健全及具有建設性的行為型態。

個案工作不是直接替代案主解決問題,因為案主的問題雖然是個別的、特殊的,但其產生的原因往往是錯綜複雜的,受到生理、心理、自然和社會多方面因素的影響。直接替代案主解決問題,往往只能達到一時的紓解,而不能從根本上消除問題產生的根源。而且,這種解決問題的方式可能會使案主產生依賴心理,並損害其自助的能力。所以社會個案工作要深入探討案主問題的深層原因,立足於發揮案主的潛能,鼓勵案主自己去解決問題。

 參、社會個案工作的理論

1965年美國的《社會工作百科全書》(*Encyclopedia of Social Work*)把社會個案工作的派別大致分為四派,即功能學派、心理與社會學派、問題解決學派、行為修正學派:

### 一、功能學派

功能派個案工作理論(the functional casework)的產生,是1920年由佛洛伊德的門徒蘭克(Otto Rank)倡導,後經塔夫脫(Jessie Taft)以及羅賓遜(Virginia Robinson)總其大成。主張人的行為乃受個人意志(will)的影響,並認為個人的行為是其衝動力、智力、感受和意志的平衡作用,其中意志是主要原動力。因此,一個人必須有堅定的意志力量,以控制和組織其行為。蘭克的

自我心理學強調人是自己的創造者，個體行為雖然受潛意識、非理性、早期生活經驗等因素的重大影響，但主要是由個人意志決定的。個體是其行為的決定者與主宰者，所以個人能借助專業人員與機構的幫助以發揮潛能，解決面臨的問題。他同時主張應強調社會服務的機構功能，即可透過機構功能以影響受助者。他認為社會工作者要善於控制他在社會工作程序上所扮演的角色。因此，服務情況的良好與否，大都要視社會工作者的影響力如何而定，他認為工作者與受助者之間的專業關係是重要的關鍵所在。

功能派認為，不同的社會工作服務機構承擔著各異的社會功能，而這些功能正是整個社會正常運轉與各個個體良好發展所必不可少的。比如，當社會因為產業結構調整而面臨大量職工失業與轉業時，社會有必要制訂社會政策、設置各種專門的服務機構，以創造機會，提供資訊，使失業職工順利地重新工作。在這一過程中，各種社會工作機構在溝通資訊、提供服務中，發揮了不可替代的力量。功能派個案工作本著個案社會工作的傳統，強調社會工作的過程是社會工作者在與案主進行專業交往過程中，借助專業知識與技能，協助案主發現自己的需求，瞭解自己的本質，以發揮其潛能，從而達到自我實現的過程。

功能派的個案工作特質是：第一、瞭解「人」的本質，第二、瞭解個案工作的目的，以及第三、講求個案工作的實施程序等。功能派的特點表現在它對社會工作目標以及社會工作機構功能的定位上。功能派個案工作認為社會工作的目標在於發展、執行社會服務方案，以滿足一些單位由個人努力無法達到的需求，增進個人的成長與福利。社會工作機構是使個人與社會利益相互結合的地方，也是社會政策實施的處所。

## 二、問題解決學派

　　問題解決派個案工作理論（the problem-solving casework）乃是1950年美國的波爾門（Harris Perlman）所提倡，她的《社會個案工作——問題解決的程序》（*Social Casework: A Problem-Solving Process*）一書，為該派的代表性著作。該派從社會與心理學派中衍生出來，同時又吸收了功能派的自我心理學理論和社會學中的自我發展理論。問題解決派可以說是綜合傳統個案工作方法的新模式。問題解決派強調人類生活是一連串問題解決的過程。每個人在日常生活中都需要不斷地面對問題，反覆運用問題解決的方法，以獲致快樂、報償、平衡和較好的適應。在長期的問題解決過程中，人們形成一套慣常使用的問題解決模式。這一問題解決模式往往持久而穩定地表現在人的日常生活中，成為個人特有的心理與行為方式。同時，個人的問題解決模式形成後並不是一成不變的，人格是一個開放系統，它會不斷接受外界的刺激並做出反應，從而修正原有的人格體系。

　　該派的中心思想有二：一是人的一生為問題解決的過程，一個人對自己、對事物、對環境，以及對內心的情緒生活均時刻在探求解決問題的途徑，從誕生到死亡的人生過程中均是如此。其次是人生的目標是在尋求和獲取——快樂多於痛苦，報償多於懲罰，安定多於不平衡，較佳的生活適應多於較劣的生活適應，以及滿足多於失望。因此，個案工作對個人的幫助必須是教育性和治療性兼顧，以達成促使案主獲得較佳的生活適應和情境為目標。問題解決派把幫助案主解決現實問題作為個案工作的入手，使社會個案工作目標更加明確且更具操作性。同時，它把發展人格看成解決問題的自然結果，認為在社會工作者協助下解決問題的過程，為案主提供了一

個有效解決問題的參考樣本，這種新經驗將促使案主改變原有的解決問題模式與人格系統。

問題解決的程序之主要內容有三：(1)協助受助者減除焦慮，振作精神，尋覓方向以促成其個人的成熟，(2)協助受助者疏導其情緒上的難題，促其精神、情緒和行動力量的持續演練，以增進其與問題、自身以及環境的適應力，以及(3)協助受助者發現或決定解決或減輕問題的可行途徑。個人所面臨的一系列問題，主要導源於無法適當地處理生活中的各種困難，社會個案工作的任務就是要協助案主解決這些問題。問題的解決一方面解除了案主的問題，另一方面，在問題解決過程中，案主通過與社會工作者的不斷接觸，可以獲得人格支持、心理幫助、解決問題的方法以及利用外部資源的途徑，這一切都使案主面對新的刺激，有助於案主改變原有的行為模式，形成更積極的新的問題解決模式。

### 三、心理及社會學派個案工作理論

心理及社會治療派個案工作理論（the psychosocial casework）起源於美國1930年左右，里士滿所著《社會診斷》（*Social Diagnosis*）一書，尤其是自1937年紐約哥倫比亞大學漢明頓（Gordon Hamilton）提出「個案工作的基本概念」（basic concept of social casework）後，當時，心理與社會學派被稱為「診斷派」。該派的主張是對個人的瞭解必須從「人在情境中」（person-in-situation）著手，強調個人的行為是同時由其內在的心理和外在的社會因素所形成。心理及社會學派以行為科學為基礎，它的理論與方法建立在當時社會科學對人類行為的廣泛研究的基礎上，它從精神分析人格理論、認知理論、家庭理論、文化人類學理論、角色

行為概念、小團體理論、系統理論、溝通理論與危機理論等理論中
汲取思想養料。它認為人與環境是一個互動的體系,人在特定的環
境中生活成長,人所遭遇的問題也是人與環境互動的結果。所以只
有結合人與環境的互動,即考察「人在情景中的狀態」,才能真正
理解人的行為。它認為影響人的行為的因素包括三個方面:人、環
境以及二者之間的交互影響。人是指個人內在穩定的心理結構與特
徵,以人格特徵、自我意識為主體;環境是指個人生活的社會網絡
以及物質環境。在人與環境交互影響的體系中,任何部分的改變,
將引起其他部分的改變,如此不斷地交互影響、模塑,最後達到平
衡狀態。心理與社會學派為理解人的行為提供了一個系統的理論框
架。

　　心理及社會治療派的個案工作步驟有四:

1. 協助案主把生活適應上的事故和行為型態中的偏差傾向連結
　起來,以發覺案主不良行為的問題所在。它重視對於人的深
　層心理結構與行為機制的剖析。它認為,人的行為的失調與
　障礙並不是一種偶然的行為,往往是內在人格缺陷與自我不
　完善的外在表現。所以,要真正解決問題,必須理解人的外
　在行為的內在心理機制,這樣才能有的放矢地矯正不良行
　為。

2. 協助案主察覺並認知其生活適應上的各種「意識」和「潛意
　識」的情形。如此使案主可以瞭解其失去正常能力的動力根
　源。另一方面,社會個案工作的首要任務在於調整人的人格
　體系,並配以環境的調整,從而促進人格的成長與適應。

3. 協助案主找出其早年不良經驗與當前行為的關聯性,以促使
　案主可以減除過去生活經驗對現實行為表現的衝擊力。強調

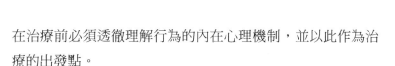
　　在治療前必須透徹理解行為的內在心理機制，並以此作為治療的出發點。

4.協助案主善於運用所獲得的資源，一方面對目前各方面行為能有效支配，並且也可以對其將來的生活情境有預估和控制力量。心理與社會學派認為人的內在心理機制、人格特徵與自我是在特定的環境中形成的，也必須在環境中才能治癒。雖然考察的重點是人的行為的內在心理機制，但這種考察不能離開特定環境。

### 四、行為修正學派個案工作理論

　　行為修正派的個案工作理論（the behavioral modification casework）是在近一、二十年來才採用的。該派理論係以行為修正的理論 （behavioral modification theory）為基礎，認為個人的行為是靠外在環境的刺激和制約而形成和改變的，並強調透過學習過程改變行為。它否定行為的潛在動機和動力因素的作用，因此主張對個人的行為應予治療和訓練。它撇開對人的內在心理機制的分析診斷，直接從行為著手，作為修正行為的出發點。它不從整體上理解人的行為，不把行為看成是內在心理機制的表現，所以它不注重對人的內在心理結構與過程的深層分析，而只重視與問題有關的當前行為，直接以偏差行為或症狀作為治療的對象。行為治療（behavior therapy）的主要技巧有正性增強法（positive reinforcement）、角色扮演法（role playing）、負性制約法（negative reinforcement），以及行為塑造法（molding）。社會工作者湯瑪斯（E. J. Thomas）1970年提出行為修正的類別，其中基本的類別有三種：反應制約、操作制約、社會學習。

## (一)反應制約

反應制約又稱古典制約，由俄國的巴甫洛夫（俄語：I. P. Pavlov, 1849-1936）提出，主要強調「刺激──反應」公式。認為行為的學習過程是一個在刺激與反應之間建立關係的過程，透過讓某一刺激與某一反應在同時或很相近地出現，就可建立起刺激與反應之間的關係。反應制約產生的行為是不隨意行為，該行為無法由個人意識隨意控制，而是由刺激引發心理改變所產生的。最常見的是焦慮反應，某些刺激會引起個人的焦慮反應，個人經常受其支配而無法有意識控制該反應。

## (二)操作制約

操作制約又稱工具制約，是由斯金納（B. F. Skinner）及其門徒發展起來的，認為行為模式能否建立以及行為模式的方向均由行為的結果決定。有些行為結果增加行為再發生的次數；有些行為結果則削弱行為，所以只要改變行為的結果就可以改變行為。操作制約產生的行為可由個人意識控制，又稱為隨意行為。隨意行為以對行為結果的理性預測為基礎，其原則是趨利避害。反應制約行為與操作制約行為的劃分，是修正派理論與治療技巧的主要依據。強調可觀察的行為，要求以客觀的名詞來描述行為，且描述的行為必須是可觀察、可量化的，反對使用抽象的心理學概念。它認為必須把抽象概念轉化為可觀察、可操作的行為才有意義。所以在行為學派看來，案主的行為是否反常、經過治療後是否恢復了正常等的鑑別標準，只能是可觀察的行為。

### (三)社會學習

社會學理論由班都拉（Albert Bandura）提出，他認為許多行為不須經過上述兩種制約，只須經由模塑過程就可使行為改變。以兒童為例，他們透過觀察別人行為、瞭解行為間的因果關係而學習適當行為。行為修正派個案工作主要是一種治療方法。它以削弱不適應行為，增加適應行為為主要目的。其理論主要表現為針對不同類型行為制定修正行為的一系列方法與技巧。

該派心理學家認為人的行為是外在環境的約制所得的結果，一切要靠外在環境所設定的條件而定。此派心理學家不重視個人的行為是由內心的動機或潛意識所形成的看法。他們所關心的只是目前的行為以及如何去訓練人的行為，它的重點在於運用學習的心理知識，設計一個有計劃性的治療情境或過程，塑造實驗性的治療場面，用以訓練受助者，使他改變其異常情境和行為。

## 肆、社會個案工作的原則

美國社工協會出版的《社會工作百科全書》認為：社會個案工作所注重的不是社會問題本身，而是「個案」，特別注重為社會問題所困或無法與其社會環境或關係圓滿適應的個人或家庭。社會個案工作的目的，是對於個人與個人或個人與環境的適應遭遇困難的個人及家庭，恢復、加強或改造其社會功能。是以學者梅愛斯（Henry S. Maas）及廖榮利等人強調，社會工作者必須充分掌握工作的基本原則，以協助案主，進行良好的處遇。這些基本原則有：

## 一、接納原則

接納（acceptance）是指個案工作者藉由他對案主行為的意義與原因之洞悉，對案主不但不會產生反感或責備之意，更且進一步對案主有一種同理心和尊重的心意與行動表示。換言之，個案工作者接受案主在他所處的狀態（accept the client where he is），即承認案主乃處在一種壓力情境之下，以至於他的處境只是部分解除或全部未解決，才表現出種種不穩情緒或偏差行為。事實上，個案工作者不但不宜責備案主的不是，更且不能採取一種置身度外的中性立場，他所要表現的專業態度乃是試著去瞭解案主的真正感受，並委婉地引導案主思考與表達其對自己問題的看法，而個案工作者要適切地傳遞其關切與協助的意圖。面對上述的種種，個案工作者須確認其個案工作角色，對案主乃是一種接納和關切的象徵與代表人物，他對案主不是一種主觀感情用事的競爭者、抱怨者、攻擊者，或是退縮者。相反地，個案工作者在一種自我認識和自律之下，對案主客觀地瞭解和建立正向的工作關係，如此才能接納案主和試著去尋覓案主行為背後的一些形成因素。一方面減除案主的不良反應到最低限度；另一方面提升兩者溝通的質和量，進而達成一種和諧關係（rapport），即一般所謂「專業關係」所說明的內容。

## 二、溝通的原則

溝通（communication）原則在案主與工作者之間意味著一種雙向和直接的意識傳遞過程，各自對所討論的課題可以是看法一致的，也可以意見不同。只是，假如是一種真正充分的溝通，是各自必須瞭解對方所說的或所做的真正意思，也就是各自均應瞭解對方

的處境、立場以及角色。當案主開始試著認清他在逆境下的立場時，個案工作者往往須以實際行動與案主溝通，表明對案主情況的關切與認識，並且相互溝通與合力尋求解決的良好方法。個案工作者也鼓勵案主本身對其情況的評估，和對本身可運用潛能的發現與正視，而個案工作者從中協助。換句話說，溝通的藝術是從使案主對本身、對工作者，以及對機構的期待產生一種新的態度與行動。

### 三、案主個別化原則

個別化的原則是指個案工作者從與案主初次接觸開始，就把他當作一個獨特的個體看待，把案主當作一個生理的、心理的，以及社會力量等因素所構成的整體性的人看待，並且承認以這樣的一個人在其特殊的困難情境下有其個人偏好、偏惡等反應。個案工作是一種一對一的方法，經由專業關係，促使案主使用社會服務，以增進個人和一般社會福利。因此，個案工作者對案主的瞭解，不但是該案主在該項逆境下，他的反應與其他案主相似之處有哪些；並且，工作者更要清楚地辨認，該案主哪些特殊的反應是和其他案主有差異的，並且工作者要以何種方式才會對該特定個案更適合和更有效。個案工作者須有足夠的知識深入瞭解個案間的差異所在。

### 四、案主參與的原則

當一個案主在個案工作者協助過程中，努力使自己由困境中解脫，並企求再度獲取一種令人滿意和有持久作用的個人與社會間的平衡狀態時，自始至終必須被包容在一種積極參與個案工作活動的過程中，這就是一般所謂的案主參與原則。實施的起步乃是，對

94

所有個案均要設定基本目標,試著建立與運用案主的一些「自我能力」,並試著支持與激發案主所認為的自我能力所在。如此個案工作專業關係的發展,案主自然就被期待和受鼓勵要積極參與整個問題的瞭解與改善過程。畢竟問題是案主自己的,只是問題的解決須由案主與個案工作者共同合力分擔,才是明智而合乎個案工作的專業。在當前的個案工作實施上,參與原則引導個案工作者,引發案主對其所處情境的自我界定其意義與性質,對其現況與適應的可能性之分析,以及他本身以積極的態度和行動啟發和運用本身的資源和潛能,達成對自己和社會的福祉,並使得自身和社會均感到被接納、有效用以及滿意。

**五、案主自決的原則**

這種方式的專業活動,緊接案主參與原則的實施,必然要強調案主自我決策(client self-determination)的原則。案主參與的結果,對其本身福祉攸關的課題,決定權在案主本身的信念是工作者和案主均應肯定和信守的原則。在工作者協助案主決定對其生活課題的有效解決途徑上,個案工作者的職責主要是協助案主,澄清可行辦法的一些可行性以及有關應考慮的事項。心理暨社會治療派的個案工作者,在他深謀遠慮的專業判斷下,對於「未就緒」(not ready)或「當時未具能力」(not capable at that time)的案主,使用自決權的顧慮和採行的對策,往往使用正確的專業判斷和負責的專業權威,在小心選定的範圍和適切的方式下,暫時刻意影響或代替案主做選擇和決定,但他會向案主做必要的說明,並且鼓勵案主努力增進自擇和自決的意願和能力,工作者也會隨時隨地促成案主自決權的充分使用。

## 六、尊重案主隱私權的原則

　　誠因在社會個案工作的專業服務過程中，案主從受引導和被鼓勵，而充分參與並投入為其生活適應問題受良好有效的解決途徑中，自然會把個案工作者當作一個可信任和有信心的人看待，他會以低度的社會防衛程度與工作者進行相當親信的溝通。針對此種特殊的互動關係，個案工作者須確實執行社會服務機構明訂對案主隱私權的確保職責，執行的方式可以是直接的，也可以是採取間接的途徑。嚴格的說，會談中案主告訴工作者的有關內容，均不應對外洩漏，具體說來，個案工作所記載的內容均不應在公眾場合或社交關係中談論，比如在公車上、火車上，以及茶會或宴會中均切忌談論案主之事。還有，妻子告訴工作者的話，在未取得當事人正式的允諾前，工作者不應輕易告訴案主的丈夫；有關機構或人士函取案主資料時，未取得案主的同意或授權，均不應提供案主的任何資料給來函機構或人士。簡言之，自從步入案主與工作者的專業關係開始，通常案主均會期待工作者維護案主的隱私權，而機構規章與個案工作者均慎重地為案主的私人資料嚴守專業保密之責，這就叫作個案工作的保密原則。

## 七、個案工作者自我認識的原則

　　個案工作者的自我認識（self-awareness）原則是要做到以下各項：(1)個案工作者對案主的各種反應應維持著理性的態度，與案主是在一種專業關係層次上互動，而不是工作者個人動機行事或主觀感情上的反應。(2)個案工作者的任何反應均應為了協助案主工作，而不是為了滿足工作者本身的需求。(3)個案工作者對待案

主須以高度客觀和中立的態度，即個案工作者個人生活上的主觀性或偏見，對社會團體或種族的刻板化印象或負面的態度，均不應介入與案主的專業關係中。自我認識的原則乃在提醒個案工作者，時時不忘審視本身在與案主專業關係中的種種個人感受，這些感受包括對在逆境中案主的正向和負向的反應。要做到這種地步，對個案工作者的督導（supervision）工作有其絕對性的助益，尤其對初涉個案工作的人來說，自己不易察覺本身的一些感受和對案主的許多反應，因此更顯得需要專業的第三者，也就是督導者（supervisor），從督導程序中協助工作者逐步建立敏銳察覺對案主的感受和反應之能力。猶如其他須經常操作「自我檢視」（self-critical）的專業人員（如：精神科醫師、臨床心理學家）一樣，專業的社會個案工作者須對本身能力限制有所認識與從事必要的調適。亦即，自我認識原則在提醒個案工作者，在與案主的專業關係中，將自己當作專業上的我（professional-self），以增強案主的自我發展（ego development），不可藉案主來使個案工作者感到滿足或成長。

## 八、個案處遇的原則

社工員於面對個案輔導宜包括下列五個步驟：

### (一)個案的描述

描述（description）須秉持細心「觀察」，用心「傾聽」，並親身「經驗」個案的事實狀況與資料，然後做精確、客觀的「描述」。避免主客觀的分析，不要發表個人的意見與看法，或試圖解決個案的問題。只要忠實地把個案的事實資料做精確、客觀的記錄

即可。在觀察描述中，最關鍵的條件是要：精確和客觀。

### (二)個案的分析

分析（analysis）和診斷個案有關人物，所遭遇的事件，彼此之間的關係，所做的行動與決定，個案或團體對於個案情況或人物的反應，以及他們針對問題或衝突表達的看法等。分析診斷的目的只要「瞭解」。在此階段，應避免對事情的好壞、真假做判斷。分析時，最關鍵的條件是要有：精密的準確度與警覺性。

### (三)個案的詮釋

詮釋（interpretation）階段宜注意兩件事：(1)根據個案的資料與個案所做的分析，決定關鍵的問題（癥結）在哪裡？決定其思考重點應集中在哪裡？(2)提出對於個案情況與關鍵問題（癥結）的詮釋。詮釋時，思考者提出個人的看法、意見與判斷，這是合宜且必要的。但詮釋時不可完全陷於主觀武斷，而須根據個案的事實，並符合前一階段所做的分析。做好詮釋，最關鍵的條件是詮釋者應有足夠的社會工作和諮商理論與實務經驗，以及其他相關學科的理論基礎，充分的資訊與有效的回應。

### (四)個案的行動

行動（action）是擬訂社會工作服務的合適處置策略。此一步驟，不是要為社會工作服務定出詳細的實際服務計劃，而是勾勒出行動的輪廓，提出行動時該遵循的輔導理論根據、理由、原則。

### (五)個案的評價

評價（evaluation）應包括服務過程中或結案後，對服務效果

的評估。此一步驟，可在治療服務過程中評估其績效，或因個案情況發生變化，經評價後所收集的新資料，作為重新分析、詮釋和研擬新行動計劃之參考，或針對結案後對整個個案處置過程是否達成預期效果的檢視，以利處理新個案的研究參考。評價的關鍵條件是：根據行動計劃所擬定的服務處置策略，所預期要達成的目標和進度，與實際達成的目標和服務進度比較的差距做檢討和評估，以便適時調整和檢討。

 **結語**

　　社會個案工作是社會工作諸方法中最根本的部分，隨著社會工作逐漸成為一門專業的行為科學知識，個案工作也藉由理論與實務經驗，發展出深厚而有效的技能，經由一系列的方式協助案主，激發潛能，運用資源，克服困難，解決問題，並防範新問題的出現，成為學習社會工作者不可或缺的基本方法之一。誠如，鮑爾斯（Swithan Bowers）所強調：「社會個案工作是一種藝術，這種藝術是以人類關係的科學知識與改善人際關係的專業技術為依據，以啟發與運用個人的潛能和社區的資源，促使案主與其所處環境（全體或部分）之間有較佳的調適關係。」（徐震，2004）

# 問題與討論

一、社會個案工作以個人為著手點,以促進其人格的成長,請說明其強調的內涵。

二、請說明社會個案工作的主要功能。

三、請說明為了達到社會個案工作的功能,社會個案工作者須經由哪些步驟以達成助人的目標。

四、請說明功能學派個案工作理論的內涵。

五、請說明問題解決學派個案工作理論的內涵。

六、請說明心理及社會學派個案工作理論的內涵。

七、請說明行為修正學派個案工作理論的內涵。

八、請說明社會個案工作的原則的內涵。

# Chapter 6

# 社會團體工作

前言

　　人類生於團體，長於團體，屬於團體，不但在生存上互賴，而且在情緒上相互牽連，這種互賴的情緒分享與任務追求，正須藉著團體互動的機會來滿足。團體是具有相同的規範、價值與期待的一群人，彼此經常性的有意識地互動。團體是目標、人員、組織及設備等所構成的運作體系，隨著時間與環境持續的變遷，不斷地接受外界環境及內部成員特質的影響。團體不等於一群人的聚合（aggregate of individuals），團體也不是具有特定社會屬性（social categories）的人所形成的集合（以階級、性別和族群為例），團體是一種社會關係，團體的成員或者有經常性的互動，有主觀意義的認同與歸屬感，由於團體成員在心理上具有相互認知與共同意識，在行為上相互依賴與彼此影響，並以達成某種目標為主旨者，故構成團體的成員須有互相的瞭解與共同的認知，如未具相互瞭解與共同認知的一群人，則不能稱為團體。因此，社會團體工作正提供此方面的經驗，不論是在醫院、學校、工廠、公司、司法機構等。

 壹、社會團體工作的定義

　　團體是指：「二個或二個以上的人，他們彼此交互影響以便每個人能影響他人或受他人影響。」人類之所以要群居，有三個方面的原因：(1)生產上的需要：人類的物質生產活動是社會性的活動，個人不能孤立地進行生產。(2)安全上的需要：人類結群生活，是為了共同預防和抗拒自然界、其他社會團體和野獸的侵犯。

(3)精神上的需要：人的精神生活，包括信仰、情操、態度、價值、觀念等，離開人的群體生活，非但不能發生，而且沒有表達和交流的對象。社會團體工作（social group work）為社會工作三大基本工作方法之一。「團體是兩人以上，有共同的目標或者類似的興趣所組成。團體工作是教育的過程，也是一種經驗，社會功能恢復發展，團體的目標是社區發展利用團體的方法減少個人的家庭問題，在團體間與其他人發生互動以獲得經驗以及經驗分享。」（林勝義，1999）

　　社團工作是致力於團體組織，使個人參加團體活動，其目的在幫助個人發現自己與他人的關係，而發展其忠於團體的集團精神，使之明瞭並盡其應盡的社會責任。它可以供給個人社區生活的訓練，它是幫助個人建立社會化的人格，並激發社會領袖和與社會合而為一的意識之手段。社會團體工作是一種以一群人為單位施以專業服務或治療的方法，用來促使一個團體和其成員們，透過與工作者的專業關係以獲得團體生活的經驗，進而增進個人和團體應達到的目標。因此，它的工作對象包括健康的個人所組成的團體和有疾病的個人所組成的團體。其目的是使團體中之個人，依據其本身的需求和能力，獲得與他人關係的能力和促進個人的成長，並達成整個團體的目標。社工者最常接觸到的一種團體，一般來說是志願參與、並且能夠互相幫助的小團體，此團體的成員間通常有某種特定目標，透過成員的互助來達成團體目標。團體工作強調參與的成員認知問題的存在，願意接受專業者的解決，建立一種相互關聯的支持系統。

　　崔克爾（Harleigh B. Treker）為社會團體工作提出一套運作的（operational）界定，茲將他的系統性分析如下（林萬億，1992）：

1.社會團體工作是一種方法，由知識、瞭解、原則、技巧所組合。社會團體工作不是普通的一般團體工作，它是由曾受專業訓練的社會團體工作員，在其所屬的機關或社團的主持下，依據社會團體工作的原理和方法，以及工作員對於個人、團體和社會的瞭解與運用，以促進個人、團體與社會發展為目的之專業工作。

2.透過個人在各種社區機構的團體中，包括個人在團體中以及社區機構中，建立相互關聯。社會團體工作是要藉組織團體與領導團體活動的方法，使參加團體的分子可以依其個人的需要和志願，充分而自由的獲得個人需要的滿足、能力的發揮與其人格的發展。

3.促使團體成員彼此建立關係，並以個人能力與需求為基礎，獲致成長的經驗，如參與、歸屬、決策、責任感、成就、自動自發以及調適能力。社會團體工作是一種心理互動與交互行為的過程，重視團體的交互影響與關係。

4.旨在達成個人、團體、社區發展的目標，目標在於達成個人行為的改變，團體民主化的形成以及社區發展。社會團體工作是一種民主化的工作，在理論與方法上都以民主為基礎。只有在民主的社會裡，它才能夠有效的推行，也只有加強發展社會團體工作與普遍的運用這種工作的方法和精神，才能夠真正的建立起民主的社會基礎。

5.藉團體工作員的協助，引導他們在團體活動中互動，透過接納關係、團體個別化、協助團體決定目標與方案、激勵與輔導、組織和程序，以及資源運用等。社會團體工作所組織和領導的團體都是較小的團體，認為只有在較小的團體中，分子才能發生密切與直接的相互關係，只有在較小的團體中，

每個分子才能充分的獲得重視，才能有充分自由發展的機
會。

　　社會團體工作是一種社會化的工作過程。什麼是「社會化」？
「社會化」乃是共同合作發展團體責任的一種歷程，可使個人與他
人的幸福趨於一致。社會團體工作以組織團體和培育團體生活為方
法，在領導團體活動時，重視活動的過程，注重分子的自動參加、
自由發展和分子的團體生活經驗。因此社會團體工作乃是一種社會
化的工作過程，在活動中促進個人、團體與社會的社會化。

##  貳、社會團體工作的功能

### 一、團體的形成

　　社會團體工作是透過團體以達成助人服務及團體成長的目標。
社會團體工作的功能，是必須同時兼顧成員的個別需求、團體目標
及機構目標。在進行團體工作首先須瞭解團體的形成，學者林勝義
提出的分析為（林勝義，1999）：

### (一)團體初期（initial phase）

　　團體正式開始前的準備時間，這段期間通常只存在團體發起人
心中，當時並沒有具體的任何行動。對於團體的工作者來說，必須
事先考量服務對象的需要，並考慮是否可以透過團體工作來協助成
員。如果是，必須開始朝向目標準備，找尋其他可協助的成員，並
評估狀況，讓成員之間可以建立初步的關係，準備進入團體中。

## (二)團體聚集期（convening phase）

這個時期是團體成員之間初次見面及聚會，成員們剛進入一個新的環境，彼此之間不熟悉，所以必須要由主動者帶領被動者參與團體的活動，增進彼此之間的感情。社工者的工作就必須從旁協助指導他們，並且妥善的處理成員之間的問題。

## (三)團體形成期（formation phase）

團體成員之間開始出現互動的行為，有了初步的人際關係，並且成員也會朝著團體的目標前進，此時互動的規範也漸漸建立起來，團體逐日形成，所以稱之為團體形成期。

## (四)團體衝突期（conflict phase）

團體衝突期也稱作團體協商期。這個時期說明了成員之間遇到了衝突時，應該努力尋求整合，以便順利的促進彼此之間的互動。就算成員之間有了衝突，部分團體可以順利的化解衝突，成員們也會尋求好方法解決，這個時期是整合與分化的循環。

## (五)團體維持期（maintenance phase）

在團體經過了衝突協商及整合之後，能夠順利運作的情況。此時，成員們對於團體的規範也都有了共同的認知，成員之間的凝聚力及感情也會漸漸增加，團體之間有共同的目標，並且讓這個目標變得更加有凝聚力，使大家塑造出一種團體感。

## (六)團體結束期（termination phase）

團體的進行經過一段時間後，如果團體成員之間的互動關係良

好，並且能夠自行處理大小事務，此時，經過社工員的評估之後，即可考慮是否停止介入。在結束階段，社工員必須協助成員分享過往在團體中獲得的經驗，並且可以透過一些儀式來結束團體工作。但是在團體結束之後，社工員還是必須要追蹤一段時間，如果問題真的結束，那麼團體工作才能真正告一段落。

## 二、團體工作的功能

社會可以說是由各種個人所組成的各種團體的一個錯綜複雜的組織網。一個社會的行政、立法、司法、工商企業，以及教育文化等各種制度，包括著各種不同的團體，這些團體與制度之間交互影響，社會的進步與安全需要這些制度與團體俱能發揮與創造其有效的功能，並保持其相互間良好和諧的關係，而這些制度與團體的組織與運用，就要以他們的組成分子或個人來決定。社會就是個人與個人、個人與團體、團體與團體所組成的整個社會關係的複雜體系，個人與其所組成的團體，以及與其所組成的社會三者間，實存在著一種相互倚賴與相互影響至為密切的關係。人有群居的願望，是以社會團體工作接受社會學與心理學的影響，承認人類不但是群居動物，不能離群索居，且有要求群居的願望。克萊恩對社會團體工作的功能提出八點，這是涵蓋社會團體工作的一般功能（林萬億，1992）：

## (一)復健（Rehabilitation）

復健包括對原有能力的復原和對情緒的或心理的或行為的困擾，以及態度或價值導向的復健。

## (二)開展（Habilitation）

發展面對問題與解決問題的能力，也就是學習適應危機情境的能力。

## (三)矯治（Correction）

協助犯罪者矯正行為與解決問題。

## (四)社會化（Socialization）

幫助人們滿足社會的期待，以及學習與他人相處，其中包括對部分特定個案的再社會化。

## (五)預防（Prevention）

預測問題發生前，提供有利的環境以滿足個人的需要，並且協助個人培養處理偶發事件與抗衡危機的能力。

## (六)社會行動（Social action）

幫助人們學習如何改變環境以及增加適應力。

## (七)解決問題（Problem solving）

協助人們運用團體力量達成任務，做成決策以及解決問題。

## (八)社會價值（Social value）

協助成員發展適應於環境的社會價值體系。

以上這些功能屬於一般性的，而每個團體都可能有獨特的功能要去達成，所以有效的團體工作是使功能得以達成。

**參、社會團體工作的模型**

　　社會團體工作是現代民主思想的產物，目的在供給個人以團體生活之經驗，使個人能於團體生活中習得民主生活之方式及民主之精神，為民主的生活方式及民主的社會秩序建立其深固的社會基礎。依據此理論基礎所形構的工作模型，較常運用的可歸納為下列幾項（林萬億，1992）：

## 一、社會目標模型（social goals model）

　　此模型強調的是社會意識（social consciousness）、社會責任（social responsibility）和社會變遷（social change），藉著共同參與團體情境中，個人就能影響社會變遷，社會行動是被期待的，這個模型的焦點是關心民主生活，增強個人的社會功能。因此，社會團體工作員是一個影響者與使能者（enabler）。本模型關心民主與增強個人的社會功能，提高自尊，增加個人和團體的社會權利。

## 二、治療模型（remedial model）

　　此模型運用團體發展、溝通、領導等方式，透過團體經驗來治療個人心理、社會與文化的適應問題，協助個人達到更可期待的社會功能。這個模型的主要概念是團體是一個治療環境，也是治療工具，團體工作員像家長、博學的指導者；工作員比較像是一位變遷的觸媒體（change agent），而不是一位使能者。強調診斷個人的需要，安排治療計劃，以及控制團體的發展，並透過團體治療協助個人達到期待的社會功能。

### 三、交互模型（reciprocal model）

此模型強調團體是由工作者與案主所組成，雙方是會相互影響的關係，團體的形成是由團體成員互動而決定，成員在團體中分享責任，團體工作員是案主與團體或是團體與機構間的協調者（mediator）或是資源人物（resource person）。社工人員不設計方案，不是個控制團體的先知，團體的形成由團體成員互動之結果而決定，團體成員在團體中分享責任。

### 四、行為模型（behavioral model）

此模型是以個人為焦點的治療取向，每一成員被鼓勵投入團體並與他人接觸，工作員是專家，具有指導的能力。工作員教導成員解決問題的階段，增加氣氛、選擇團員、引導團員、協助他人，以及直接干預等。行為修正藉著增強作用，每一成員均可能是增強作用的來源，團體工作員、成員、團體情境與活動，在共識的形塑下融為一體。

### 五、任務中心模型（task-centered model）

此模型認為任務中心的個案工作可以運用到團體工作。這個模型有兩個事實要素：(1)雖然它可以包含於治療模型之中，但是，它更強調目標明確化，以及增加工作壓力的程度。(2)使用更多的團體參與，且嘗試在團體不同階段運用不同的治療途徑。所以，這個模型可以說是治療模型與行為修正模型的折衷模型。這種團體所處理的問題限制在：(1)暫時社會功能失衡；(2)問題能被平衡的力

量所減除；(3)問題能在短期內改變；(4)平衡之後，改變的動機將降低。團體工作員在事先已擁有成員資料，案主的選擇最好是問題相似，態度一致，這個團體通常很小且封閉，成員來自志願加入。

## 六、團體中心模型（group-centered model）

此模型強調是在發展成員的社會能力，因此團體工作是「經由成員投入從事共同利益與共識的團體經驗中，促進社會功能」，所以這個團體模型的目標在於：(1)增進對他人的角色責任；(2)增進角色的自我滿足。工作的目標在於達成舒緩、支持、現實導向與自我評價。

 **肆、團體動力理論的內涵**

勒溫（Kurt Lewin）的團體動力學促成了現代社會心理學的發展。其創立了「心理場論」，對於心理學的理論傳統，具有劃時代的意義；並發展「團體動力學」（group dynamics）體系，開闢了社會認知研究的領域，提出行動研究的模式，強調團體是一個整體，團體中每個成員彼此交互影響，每一成員都具有依存的動力。此即勒溫提倡的團體動力學。正如個人在其生活空間形成心理場域一樣，團體與其環境也會形成社會場域。團體的特點是一個人的地位取決於他的區域，而他的區域又和別的區域（團體成員）相聯繫。團體受制於內聚力和排斥力。當成員間阻隔交流的障礙太大時，便產生排拒性。團體構成一力場，個體之間或吸引或排斥，取決於團體內的引拒值。勒溫的團體動力學研究，對以後諮詢和輔導

心理學的發展，發揮了促動性的影響。團體動力學本身具有三個層次的意義：(1)屬於一種意識型態，即關於團體應如何組織和管理的方法和態度。在這種意義上，團體動力學十分強調民主領導的重要性，強調成員參與決策以及團體內合作氣氛的意義。(2)關於一套管理技術，如角色表現，團體過程中的觀察和反饋等。在這種意義上，團體動力學被廣泛應用於人際交往培訓，領導幹部培訓，以及工廠、企業、學校和政府部門的管理。(3)一種對團體本質的心理學研究，旨在探索團體發展的規律，團體的內在動力，團體與個體、其他團體以及整個社會的關係等。

團體動力學有著兩個基本信念：第一、社會的健全有賴於團體的作用；第二、科學方法可用以改善團體的生活。這是團體動力學之所以產生的兩個必要前提。唯有人們理解並接受了這兩個信念，認識到經驗的研究可應用於團體和社會，重要而複雜的社會現象和社會事件可以進行測量，團體和社會的諸種變量可以為實驗所操縱，支配團體和社會生活的規律可以被發現和揭示時，團體動力學才能產生和發展。在這種意義上，團體動力學的基本特徵歸納如下：

## 一、強調理論意義與經驗研究

團體動力學以觀察、定量、測量和實驗為基礎來研究團體，十分重視理論的意義和價值，在實踐中把理論建構和經驗研究完整地結合起來。勒溫說：「團體動力學研究中心是應兩種需要產生的，一是科學研究，一是具體實踐。」

## 二、注重研究對象的動力關係和相互依存關係

動力性研究是團體動力學的最基本特徵,它不滿足於對團體性質的一般描述,而是要研究所觀察的對象是如何相互依存的,團體中各種力的交互作用以及影響團體行為的潛在動力、變化、對變化的抵制、社會壓力、影響、壓制、權力、內聚力、吸引、排斥、平衡和不穩定性等,都是團體動力學中動力性研究的基本術語。它們可以表示心理力以及社會力的操作,在團體動力學的理論中產生重要作用。

## 三、多學科的交叉研究

團體動力學是由實驗心理學對動機的研究發展起來的,並由文化人類學、社會學和社會心理學的結合促成了它的獨特形式。各學科的發展有助於團體動力學的研究,團體動力學是一種多學科的綜合性領域。

## 四、著重於社會實踐

勒溫說:「社會實踐所需要的研究是一種行動研究,一種關於社會行動(各種形式)的條件和效果的比較研究,一種可以導致社會行動的研究。」也就是說,行動研究是以真正的現實生活為背景,以解決實際問題為方向的心理學研究。應用性是團體動力學的特徵,大部分團體動力學家的研究都是為了促進團體的功能,以及團體對個體和社會的作用。尤其是隨著「行動研究」和「敏感性訓練」的推廣,團體動力學的研究成果已被企業管理、教育、心理治療、政府與軍事等許多領域廣泛採用。

　　勒溫的研究主要是針對個體的，由於他重視在生活環境中研究個體的行為，因此在1939年提出「團體動力學」這一概念後，又先後提出了「社會空間」、「團體目標」和「團體氣氛」等重要概念，在團體動力學中，研究者一般都傾向於把小團體作為研究對象，把它看作是一個基本實體。動力方面則主要涉及團體的潛在生活，常用移動、向量、緊張、目標和力場等概念。這些概念都可以用來解釋團體的變化，而變化則被認為是團體生活的根本特徵。勒溫認為，所有的團體生活都是一種接近穩定的動態平衡。團體的行為像個體的行為那樣，也是以所有發生影響的相互依存的事實為基礎的，這些事實的相互依存，構成了團體的本質。從根本上來說，團體並非個體的集合，而是一個包容諸個體的「格式塔」。作為團體，它不是由各個個體的特徵所決定，而是取決於團體成員相互依存的那種內在關係。雖然團體的行動要由構成團體的成員來執行，但是，團體具有較強的整體性，對個體具有很大的支配力。一般來說，要改變個體應先使其所屬團體發生變化，這要比直接改變個體來得容易。從整體動力觀出發，勒溫把團體看作是一個動力整體，其中任何一個部分的變化都必將引起另一部分的變化。

##  伍、社會團體工作的原則

　　在社會團體工作過程中，工作員引導團體成立正式的組織，這個正式組織應能滿足需要，能被成員瞭解接受，能適切地產生功能，且具有彈性，也就是能適用而且能隨團體變遷而調整。工作員在於協助團體組織自己，而不是組織團體；工作員的責任是協助團體決定正式組織的形式，領導體系，以及安排適當的角色，俾以完

成團體所賦予每位成員的工作。根據崔克爾的說明，社會團體工作的原則可分為十三項（徐震，2004）：

## 一、價值原則

社工是一個助人的專業，但是社工還是局限在一個範圍之中。社工者不是全能的超人，所以社工者的工作不是在為團體解決問題，但是社工者的真正定義則是協助成員參與自行解決問題，並透過成員之間的互動，找尋解決問題的方法。

## 二、需求原則

團體工作員的基本責任是在滿足人類的需求。人類需求總是受制於不適應的環境，而不能適切的滿足，工作員應發現社區的阻礙點在哪裡，並儲備最豐富的資源，以滿足案主不時之需。

## 三、文化差異

社會團體工作員要不斷地瞭解成員的文化背景知識。每一個團體都可能有獨特的文化背景，如信仰、觀點、價值、偏見和經驗，社會團體工作員應準確地瞭解每個團體文化基礎的差異，並且透過團體方案與活動，積極地促使團體運作。

## 四、計劃原則

團體在社會工作過程中，不斷地發展與變遷，而且高度地影響個人的行為。所以，社會團體工作員應有意地設計團體的組成，使

其有成長的潛能。

## 五、合作原則

團體過程中，成員與成員間的關係或是成員與團體工作者間的各個關係，一樣都是很重要的，社工者必須努力促進團體間正向健康的人際關係。

## 六、專業關係

專業關係的建立有益於團體功能的實現，專業關係的品質與強度關係到團體潛能完全實現的程度，工作員如果接受了團體，應盡力去瞭解團體組成的始末。

## 七、個別原則

團體與個人都在運用不同的方式，以滿足個別的需求。每個團體有不同的目標、組成因素與環境安排；每個團體也有不同的發展速度與互動內涵。所以，團體工作員應隨時瞭解團體發展的階段，才能契合各團體的個別差異。工作員透過個別化的原則，協助團體與個人朝向特殊的需要滿足。

## 八、導引互動

工作員參與團體過程的基本態度是促進或有效增長團體的互動，他不是決定團體的行動方向，而是協助團體成員肯定參與的角色，積極參與團體過程。工作員可以運用催化、刺激、示範、提供

資訊、反映、質疑與開放討論等方法,來促使團體互動品質與頻率的提高。

## 九、民主自決

團體民主自決的原則是基於個人與團體唯有賦予行為責任才能發展社會責任。團體決策的因素往往來自三方面:(1)機構政策;(2)社會工作員的干預;(3)團體本身。團體自決的原則必須立基於團體的能量與潛力的基礎上,團體工作員必須協助團體做出最好的決策。

## 十、參與能力

團體成員中最重要的就是參與(participation),社工者需要協助成員積極參與團體活動,成員中每個人都是不可或缺的,為了協助成員能夠融入團體中,社工必須接納成員,帶領成員一切從頭開始工作,引導成員往健康及有能力的方向前進。

## 十一、團體成長

團體活動的安排應該依成員的興趣、需求、經驗、能力,以及團體的成長而逐漸增長。團體工作員協助團體進行活動設計,或者提供活動節目,應從簡單而易於進行者開始,團體活動首先應以激發興趣,產生信賴和易於達成目標為主,再逐漸進入複雜、深度與廣泛的活動。

## 十二、運用資源

團體工作過程中,應該善於運用機構與社區所擁有的資源,來豐富個人以及團體的經驗。工作員應承擔起團體與機構和社區間的協調角色;工作員運用其對機構的瞭解,以及對社區資源的豐富知識,協助團體運用最多的社區資源以充實團體經驗。

## 十三、方案評估

在團體工作中,對過程、方案與結果進行持續的評價是非常重要的。工作員、團體與機構三方面都要盡力來分享評價過程。評價在社會團體工作中,不只是可能和可及的,而且是必需的。評價本身是客觀而中立的,評價的依據主要是靠團體工作過程記錄,記錄是所有團體活動的累積,作為判斷目標被達成的證據。所以,過程記錄務必詳盡。

社會團體工作立基於社會工作的專業價值、發展與助益人們滿足其需要,社會工作的中心信念是人類尊嚴與價值,人們有權利參與自身相關事務的決策,團體工作員應接受個人有自由表達的權利。團體工作員的重點在個人及其需求,透過團體工作的實施,協助個人發展潛能,進而自我實現。

 結語

社會團體工作是社會工作的主要方法之一,團體的組成一定有一特定目標,社工者必須在聚會時間內實施各活動,並針對成員個

人及團體整體及機構目的,進行評估診斷,考量團體成員情況後,設計適當的解決問題之方案。其目的在協助個人解決生活適應的問題,滿足基本需求,同時也經由團體互動的經驗,協助個人發展社群意識。在團體工作中,工作員應在考量團體的能力與兼顧機構的功能下,促使個別與團體目標的明確化,社會工作員應採行民主的方式,來激發成員發展團體的共同目標。明確的團體目標不但能為團體成員所能接受,而且也不違背機構的目標,如此,才能使團體有效達成其目標。隨著社會科學的發展,團體工作引進相關知識與學理,增長工作的技能,並積極擴展服務領域至家庭、學校、軍隊、企業,成為運用團體幫助個體的主要方法;在強調團隊精神的今日,該工作方法實足為有志參與社會工作者所重視。

## 問題與討論

一、請說明社會團體工作的定義。

二、請說明社會團體工作的主要功能。

三、請說明社會團體工作中的社會目標模型的內涵。

四、請說明社會團體工作中的交互模型的內涵。

五、請說明社會團體工作中的治療模型的內涵。

六、請說明社會團體工作中的行為模型的內涵。

七、請說明團體動力理論的內涵。

八、請說明社會團體工作的原則。

# Chapter 7

## 社區組織工作

122

 前言

  人們在社會生活中，不僅結成一定的社會關係，而且總離不開一定的地域條件。人們會在一定的地域內形成一個區域性的生活共同體，整個社會就是由這些大大小小的地域性生活共同體結合而成的。這種地區性的生活共同體是社會結構中十分重要的組成要素，社會學家稱它為「社區」。作為人類地域性的聚居共同體，現代社會的特質是快速而劇烈的變遷。現代科技的發達，直接帶來生產方式及社區交通的便捷，間接的帶動了社區結構與人際關係的改變。此種改變，亦造成了現代社會生活的人際疏離與規範的迷亂，從而顯示社區組織工作在當代社會環境的重要性。

 壹、社區組織工作的定義

  依據《劍橋國際英文字典》（*Cambridge International Dictionary of English*），社區的定義是指：「同住一特定地區的人，或是指因為同對特定議題感興趣，或有相同的背景或國籍而被認為屬於同一群的人們。」另依社區發展工作綱要所言：「社區，係指經鄉（鎮、市、區）社區發展主管機關劃定，供為依法設立社區發展協會，推動社區發展工作之組織與活動區域。」爰此，社區的劃定，是以歷史關係、地緣形勢、人口分布、資源多寡、生態特定及居民之意向、興趣、共同需求為依據，得不受村、里之限制。學者徐震指出：「社區指的是居住於某一地理區域，具有共同關係、社會互動及服務體系的一個人群。社區的概念是以意識認同為

主，空間為輔，它並不以行政體系、地域組織為限，本義比較接近
『社群』或『共同體』的含義，既不是行政體的一環，也不是單純
的空間地域單位，它應是指一群有社會共識的社會單位，其共識的
程度，就是社區意識，可以強烈到具備共同體的性格。如此談社
區，當然指的是人而非地，是社區而非空間，在對外關係上，它甚
至可以視為一個具備法人人格的團體，社區就是有歷史有個性的地
方。」（徐震，2004）

　　「社區」一詞源於拉丁語，原意是親密的關係和共同的東西。
將社區這個詞作為社會學的一個範疇來研究的，起於德國的社會學
家滕尼斯（F. Tonnies）。滕尼斯所謂的社區是透過血緣、鄰里和朋
友關係建立起來的人群組合。它根據人們的自然意願結合而成，社
區實包含有幾個因素：(1)有著某種範圍的一個地域，但這個地域
不限定是一種行政上的區域。(2)在這個地域上生活著一群人，彼
此之間有著各種交互及共同關係。(3)這一群人間有著一種相互關
係的意識，這就是社區意識。因此一個社區可以是一個村鎮，可以
是一個省、縣、國家或更大的區域，也可以是超乎地域觀念的具有
某種共同興趣的人群結合。社區組織「是社區民眾即市民或團體代
表，聯合起來決定社會福利需要，制定合宜的方法，並動用必要資
源，以滿足需要的過程」（Southern, 1995）。社區組織是一干預
的方法，藉著個人、團體及組織共同有計畫的行動，來影響社會問
題。其工作涉及社會機構的充實、發展與改變，並包括兩個主要的
相關程序：計畫（planning，即確認問題的地區、診斷原因及建立
解決方法），以及組織（organizing， 即培育擁護者和設計影響行
動的必要策略）。

　　人類進入到二十世紀以後，科學技術迅速發展，伴隨著工業
化時代的到來，城市化進程也大大加快，大量的人口進入城市，城

市的社會結構和人們的生活方式都發生了前所未有的變化,使社區組織工作因應而起。社區組織工作有三個主要的意義,第一,是服務範圍的選定:由社區服務機構對社區需要和資源的協調、配合與工作。第二,為發展的階段:經由社區組織結合相關資源,及團體互動的過程,使用社區機構和資源探出社會的病態,而採取行動予以根治。第三,方法:為了要面對、解決或減少社會問題而採取行動。

社區是一個人類區域生活、生計、生命的關聯體,是有著相互及共同關係的體系,社區工作者認為讓社會明瞭這些現象,組織社群的力量,計劃社區的改進與發展,以促進整個社區的福利。

 ## 貳、社區組織工作的原則

社區發展是一種多目標、長遠性、綜合性的社會福利事業,旨在透過社會運動方式與教育過程來培養社區意識,啟發社區民眾發揮自動自發、自助人助的精神,貢獻人力、物力、財力,配合政府行政支援、技術指導,以改善社區居民之經濟、社會、文化等環境,提升其生活品質。依據薩稜(Southern, 1995)指出,社區支持網絡有五種較為普遍運用的策略:

1.個人網絡(Personal Network):這種策略在集中與案主有聯繫且有支持作用的人,例如家人、朋友、鄰居等。使用的方法是社會工作者與上述案主有關的人士接觸、商議,動員這些有關人士提供資源以解決問題。另外,社會工作者也提供相關人士諮詢與協助,以維持及擴大案主的社交關係與對外聯繫。

2. 志工網絡（Volunteer Linking Network）：這個策略主要用在擁有極少個人聯繫的案主身上，是要為案主尋求並分配可提供的志願工作者。讓志工與案主發展個人對個人的支持（支援）關係，例如定期探訪、情緒及心理支持、護送或購物等。社會工作者可為志工提供訓練並給予所需的督導支持。

3. 互助網絡（Mutual Aid Network）：此一策略的重點是將具有共同問題或有共同背景的案主群，集合在一起，為他們建立同儕支持小組。這個策略可加強案主群彼此之間的支持系統，增加夥伴關係、資訊及經驗交流，結合集體力量，加強共同解決問題能力。

4. 鄰居網絡（Neighborhood Helping Network）：主要是協助案主與鄰居建立支持關係，召集、推動鄰人為案主提供幫助，尤其是一些即時性、危機性或非長期性的協助。

5. 社區網絡（Community Empowerment Network）：主要是為案主建立一個網絡或小組，為網絡（小組）中的成員反映需要，爭取資源去解決本身的問題，並倡導案主權益。另外，更要協助該網絡（小組）與地區領袖或重要人物建立聯繫。

以上五種策略的選擇與運用，主要全看案主的需求，社區資源的狀況，以及社區文化及規範的特定性而定。

另就學者徐震的觀點，社區組織工作的原則可歸納如下：

## 一、組織的原則

社區工作本身就是一種組織的過程，維持社區成員之間的團結，協調社區成員之間的利益和行為。因此，透過組織社區獲得一致的行動，謀取共同的利益，所以社區發展工作必須從組織民眾著

手，一切的活動均以組織為基本。

## 二、教育的原則

社區工作本身就是一種教育的過程，它是要改變那些妨礙社會進步的習慣，提倡有利於經濟發展的觀念。培養社區居民的社會責任感、正義感、同情心和奉獻精神，從而樹立其居民良好的社區公德。所以社區發展的一切活動均以教育民眾，使居民態度改變，以帶動社區的變遷為目的。

## 三、全面的原則

社區工作把社區看作一個整體，以全社區的利益為利益，故社區工作注重協調合作，而不能為某一階層或某一集團的人士所操縱。社區建設的最終目的，是為了滿足人民群眾日益增長的物質和文化生活需要，是為了實現民眾的根本利益。因此，社區工作必須以服務為宗旨。

## 四、平衡性發展

社區工作包括社區生活習慣、社區生活習俗、社區生活方式、社區的組織形式等，它構成了某個地區特定的生活方式或制度的基礎。社區發展工作包括經濟、社會、教育、文化等各方面生活水準的提高，是一種物質建設與精神建設，經濟發展與社會發展同時並重的工作。

## 五、自助的原則

沒有居民群眾的參與，社區文化便成了「無根之樹、無源之水」。社區工作強調社區自助，儘量運用社區本身的資源，動員社區本身的力量，歡迎政府或社區以外的技術或經濟支援，但不仰賴社區以外的援助。

## 六、工作的生根

社區認同感是社區心理的重要因素，社區工作是社區民主自治的過程，促使民眾樂於並習於參與社區事務，並且鼓勵社區婦女與青年參加工作，並從中發掘地方領導人才，培養地方自治能力，然後才能使工作生根。

## 七、區域性配合

社區發展以地方社區的發展計畫為單位。

## 八、預防性服務

社區工作本身是一種解決問題與預防問題的策略，社區工作強調使居民習得分析其社區問題與解決其問題的能力，同時所有的服務方案亦應針對其問題，提供解決當前問題與預防今後問題的服務計劃。

1965年行政院頒布「民生主義現階段社會政策」，確立了社區發展為我國社會福利措施七大要項之一，同時並明確規定「以採社區發展方式，促進民生建設為重點」。為加強各方面之協調配合，

貫徹社區發展工作的推行，使其更能達到民主、自治、自助的目標，於1991年發布「社區發展工作綱要」，採人民團體型態運作，迄2006年，已成立「社區發展協會」六千二百七十五個，賡續推行社區公共設施、生產福利、精神倫理等三大建設與社會福利社區化，以增進社區民眾福祉。

##  參、社區工作的實務模式

社會工作者所推行的社區工作，有特別的目標及理念作為方向及基礎，而其工作手法，亦有一定的模式。這些不同的模式亦代表著社區工作者的經驗，但不同機構與不同社會工作者，會根據社區的不同需要以及本身的價值觀，選擇不同的工作模式，綜合引用包括羅斯曼等人（Rothman et al., 1987）、波普爾（Popple, 1995）以及李增祿（1997）所提多元社區工作模式，歸納相關實務模式如下：

### 一、社區發展模式

羅斯曼所提之社區發展模式（community development model），是一項協助落後國家或偏遠地區組織與教育民眾的工作計劃、方法和過程。主要精神和做法在於引導居民普遍參與社區事務，運用社區自發組成的集體合作力量，配合政府行政及專家技術支援，針對社區環境及居民生活品質進行有計劃、有目標之改造。

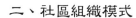
### 二、社區組織模式

緣起十九世紀末英美的慈善組織會社的社區組織模式（community organization model），目的在改善工業革命後，都市居民貧窮、失業、住宅等社會問題。主要策略是藉由溝通、協調及連結過程，來改善不同社會福利機構間的合作關係，共同提供有效率的福利服務。

### 三、社區計劃模式

社區計劃模式（community planning model）係假設在一個複雜的社會環境下，需要專門的計畫者（expert planners）透過技術，以最有效的方式，將各種服務輸送給有需要的人。這種以解決實質問題為目標導向的模式，被視為一種由上而下運用理性與縝密的專業計劃，控制社會變遷或解決問題的社區工作模式。

### 四、社區教育模式

由波普爾（Popple, 1995）所提之社區教育模式（community education model），被認為是一種「意圖藉由將教育和社區結合為更緊密與平等的關係，以改變教育政策和實務的方向」，是為啟發居民對社區事務關心、且為社區的知識性行動做準備，以改變社區中固有的迷思，導引社區改變方向。在此模式中，社區工作者扮演教育者（educator）及促進者（facilitator）的角色。

## 五、過程取向模式

過程取向模式（process orientation model）強調經由社區工作者與居民間之溝通、教育和組織過程，來改變居民的態度和行為，使他們願意參與社區建設，認定社區發展之基本目標是過程目標（process goal）。將社區工作者視為變遷推動者、溝通協調者、教育工作者及支持鼓勵者，藉由有系統、有計劃的溝通、協調、連結、組織及教育等過程，來提升居民自動自發、群策群力，共塑鄰里互助與地方發展願景。

## 六、行為改變模式

行為改變模式（behavioral change model）強調社區發展之成敗，可由社區居民行為改變的情形來斷定，認為只要社區居民的價值觀念或態度改變了，行為也會跟著改變。社區工作者主要任務，在於運用學習原理之教育計劃，來改變社區居民的價值觀念、態度及行為模式。在此模式下，社區工作者扮演著社會變遷推動者、教育需求確認者、課程規劃者、教育提供者、激勵促進者等角色，藉由教育過程來增強居民推動社區工作的權能。

## 七、社區行動模式

社區行動模式（social / community action model），以社會階級為基礎，假設一群處於劣勢地位者，需要被組織起來或與他人聯合，根據社會正義或民主的理念，針對某一議題運用集體抗爭或衝突行動，發動各類社區行動，來表達不滿和需求，爭取權力

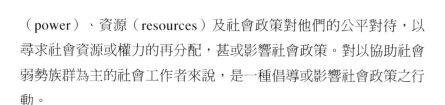

（power）、資源（resources）及社會政策對他們的公平對待，以尋求社會資源或權力的再分配，甚或影響社會政策。對以協助社會弱勢族群為主的社會工作者來說，是一種倡導或影響社會政策之行動。

### 八、社區重組模式

社區重組模式（community re-organization model）主張現代社會的非正式網絡關係，不必再依附地緣關係，而可各自依其本身需求及所處社會脈絡，分別形成各種不同的社區關係和組織網絡，以尋求各種可能的多元資源網絡的連結或串聯，則社區功能和活力更為蓬勃發展。強調各社區實有必要考量地緣鄰近性、資源完整性與生活共同圈的可近性等原則，運用「方案合作」或「策略聯盟」方式，將兩個或兩個以上的社區加以重整，以收社會資源交流分享、互補互利之效。

 ## 肆、社區組織工作的方法

社區發展被認為是1950年代由聯合國基於開發、進步及現代化的思維而推動，其並與創造民主自由、發展經濟和多元社會共同形成的社會發展運動有關。社區組織工作有宏觀的一面，即是指如何促使社區具備有互助的氣氛，甚至主動地對社區內成員進行教育、鼓勵培養而有互助互重的態度，對於有困難或問題的成員或家庭，能夠重新接受、鼓勵其重返原有的團體，裨益社區發展出一個具有照顧、鼓勵、接受功能的關係。學者徐震、林萬億曾針對社區組織

工作的推動，詳實歸結出下述的方法，足為吾人參研：

## 一、建立關係

社區工作需要有良好的專業關係，有時候甚至比個案工作或團體工作更注重關係的建立。社區工作者所要建立專業助人關係的對象，包括社區居民、社區機構以及社區中的領導人才。與社區重要人士建立良好的工作關係是推動社區計劃的第一步；而瞭解社區居民的需求與問題，則是社區工作的目標界定之基礎。與社區居民建立服務的初步關係在於：社會工作者秉持「每個人都同等重要」的價值，尊重案主的信仰（beliefs），尊重其自行達成決定與處理生活的能力。基於此一價值觀，社區工作乃有「以居民感覺的需要（felt need）為依歸」的原則。

## 二、認識環境

社區工作者，應確信人們有主動與他人結合的需要，並經由社區生活（community life）、社區需求（community needs）、社區資源（community resources）的瞭解，促進社區居民相互間的合作關係。個人不但可以發揮影響力，肯定自我的價值感，同時也可以培養成一個有尊嚴、有權利和責任的成熟公民。因此透過瞭解案主，擬定工作方向是社會工作中任何一種工作方法的第一步。尤其對一個社會計劃者或社區組織者而言，更是如此，因為這些工作人員如果不先對社區類型、面對的問題、可用的資源、提供居民服務的組織等方面加以瞭解，則工作極易受先入為主的想法、過去經驗與個人工作習慣、刻板化態度（stereotyped attitude）、發表意見的

少數人以及偶發的情況等所左右。

### 三、發展計劃

現代社會的特質是分工細密、關係繁複。往昔的血緣連結，在快速社會變遷下，已失去其凝結力，代之而起的是一份試圖保留人們志同道合的努力，為了達到共同目標，應建立社區發展計劃，而有效的社區發展計劃應依照社區全體人民的願望與需要，同時計劃是對政策的選擇與決定，故應考慮其適合性、可行性及可接受性（acceptability）。有效的計劃應把握目標明確和整體規劃，各層級的發展計劃一脈相承，相互配合；各單位各機構間相互呼應，彼此支援，亦務必使各年度計劃循序漸進，以有效達成計劃目標。

### 四、社區行動

社區組織工作就是要積極的指導人類發現其社會問題或需要，發揮人類分工合作的精神，計劃人類的分工與合作，組織包括人力與物力的社會資源，以剷除和預防人類環境中的各種障礙，使人類社會能在一種建設性的調適關係中獲得發展與進步。社區行動是將社區評估、計劃與組織的結果，正式納入行動運作，可分會議、協調、人事、財政、宣傳等五方面：

### (一)會議

社會工作者相信民主社會的社區組織工作不僅是民主社會的產物，亦是民主社會的建設者，因為社區組織不僅在工作精神與工作方法上一本民主的原則，且在工作的過程中不停的培育社會的民主

制度與發揚民主精神，使成為一個民主社會。是以社區內的會議是一種組織，也是一種結合社區力量，經由意見交流經驗分享，而獲致共識（consensus）的過程與方法，具有教育與組織的雙重目的。

## (二)協調

調查、研究、組織、設計與宣傳等各項工作均為執行工作之準備，最後即要付諸執行。而協調（coordination）就是協同合作以避免不必要的重複、努力和衝突。社會工作者在這個工作上扮演重要的角色，不論是人與人，機構社團之間，或者是各方案之間的協調工作，都必須對下列各項有深入而正確的瞭解：(1)社區特質；(2)發展目標；(3)運作程序；(4)總體資源；(5)服務方案。

## (三)人事

社區組織的目的是運用組織與設計的方法，使社區的資源配合社區的需要，能有效的促進社區之福利。因此若能與有關人士建立良好關係，則對社區工作推展具有莫大的助益。所謂「建立良好關係」，是一種信任的、和諧的、可溝通的關係。

## (四)財政

財政（financing）是編列預算與支付有關社區需要與資源的基金。預算的編列須對社區的各種需要有深入的瞭解，辨明各需要的輕重緩急，對經費做合理的分配。

## (五)宣傳

不論是基於人們「知」的權利，或基於鼓勵居民的參與，「宣傳」在整個社區工作中，占有舉足輕重的地位。強調「宣傳」的

目的是向一般社會及有關機構、人士報導事實，以激發社會對某一事件或某一問題的重視，並因而採取行動改善現況。宣傳之目的在於教育。

## 五、成效評估

社區組織要從事調查與研究以瞭解社區，認識其一般社會文化政治與經濟狀況及其特徵，發現其需要或問題，及其一切可用的社會資源與力量，以作為編製工作計劃的參考。評估（evaluation），是「根據被評鑑方案的既定目標，檢討其實施的工作過程，衡量其達到的效果程度，從而提出改進建議的一種方法」。評估的目的有以下四個：(1)使投入的努力更合乎經濟原則，因為精確的評估過去的努力有助於未來方案的設計。(2)評估有助於隨時彈性地修正方案，使之益趨完美。(3)因評估證實工作成效，以獲得社區居民的信任與支持，以及工作人員的滿足。(4)經由評估可測定社區情況與行為之改變。

## 六、社區服務

根據莫爾倫（R. Moreland）提出的兩個主要概念（Moreland, & Lovett, 1997）：

1.在社區內照顧（care in the community）主要是針對有需要被照顧的人士，在其所居住的社區中接受所需要的服務。這類服務大都是正式服務（formal care），是由專業人士來推行。

2.由社區提供照顧（care by the community）則是指對於有需要

被照顧的人，除了上述正規服務外，並不能滿足其所有的需求，必須透過並動員社區非正式資源來協助。

所謂非正式照顧（informal care），即是指鄰居、親朋好友與社區中的志工等。非正式的支援網絡又可以包括三大類：

1.支持性服務，如家務協助、電話問安、護理照護、日間托育等。
2.諮詢服務和參與機會提供，如親職教育、提供法律服務與社區學苑。
3.工具性服務，如提供設備和輔助，或改善環境障礙、交通服務。

結合上述兩項概念，其目的更在於創造一個關懷社區（care community），整合正式與非正式服務，彼此支援，建立對社區的歸屬感，尋回互助的關懷社區，即是社區照顧的理念目標。簡言之，社區照顧是指結合資源，協助社區中有需要的人得到服務，能與平常人一樣，居住在自己的家或自己所屬的社區之中。

總之，社區照顧是指動員並聯結正式與非正式的社區資源，去協助有需要照顧的人士，讓他們能和平常人一樣，居住在自己的家裡，生活在自己的社區中，而又能夠得到適切的照顧。此一定義呈現出社區照顧政策中兩個重要的概念，一是強調「讓需要照顧的人士留在家中」之目標，二是凸顯過程中正式和非正式資源聯結的必要性。社區照顧如以微視的角度來說，可以指如何使社區內居民、家庭的功能得以維持正常，對某些人士或家庭，因各種原因和轉變，而造成原有社會功能及關係轉弱，使其得到適當服務和機會，終使其功能得以維持正常，重新加入社區，成為其中一員。

## 七、工作記錄

工作記錄在社區組織工作中有其重要作用，社區組織工作機關與工作員均應予以重視。社區組織工作記錄應包括：(1)調查與研究報告及各種有關資料；(2)各種設計方案與各種組織機構之規章；(3)各種會議記錄及附件；(4)工作大事記錄。

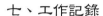 結語

社會工作是一種根植在科學、價值觀及技巧的專業，目的在經由問題解決的方法及各種社會系統下，協助人類提高其生活品質。這個專業著重在人與環境的互動上，它的基本價值觀是基於對人類的關心，以激發人類的自決（self-determination），追求平等（equality）與社會正義（social justice），特別著重在增強並服務社會中弱勢的或被忽略的（disadvantaged or oppressed）個人或團體。社工實務一般是以機構為基礎，是指人們處在一個複雜的社會脈動（social context）下，包括族群、文化、社經地位、性別、年齡，及所成長的次團體（如：家庭、社區）的差異上，而社區組織工作就是要積極的指導人類發現社會的問題和需求，發揮人群分工合作的精神，組織既有的人力、物力資源，使社區生活能在有效的建設和調適關係中獲得發展。

從社區調查和實際工作經驗中，社區工作者不難發現一個事實，處於社會不利地位者（socially disadvantaged），對於與他們利益息息相關的制度，竟往往無絲毫的影響力；針對這個不合理的現象，保障案主的權益，使被剝奪者（deprived people）得以分享

權力，便成為社區工作者極其應當與自然的工作。社區工作者透過社會行動，提高這些團體的地位，增進其自行控制生活的權力與表達個人抱負和關注的能力。另外經由「社區建設」的強化，將有助於形塑「生活共同體」，乃至於落實「生命共同體」的體現。因此激勵居民具有我群的意識，自然會流露出對生活環境的關懷和參與。這種社區歸屬感，也將使社區居民易於產生與地方休戚與共、榮辱共存的心理意念，不僅有助於造福鄉梓，同時社會與國家的關係都能有健全的發展，這項有意義的工作，將不只是專業工作者的使命，也是社區成員的共同期待。

## 問題與討論

一、請說明社區組織工作的定義。

二、社區發展是一種多目標、長遠性、綜合性的社會福利事業，請說明社區組織工作的原則。

三、請說明社區工作的實務模式。

四、請說明社區組織工作的方法。

# Chapter 8

# 社會工作行政

前言

　　社會工作，是一門助人的專業，相對於醫學關注在人類生理運作，心理學關注在個人心理現象，社會工作的焦點在於人類與環境的互動，目的在協助個人、家庭、團體、社區能適應所在的社會環境脈絡，增強或恢復其社會功能，以預防或舒緩社會問題。社會工作的工作方法可粗分為直接服務與間接服務，社會工作者直接對案主（client）提供服務時使用的工作方法稱為直接工作，反之則為間接工作。直接服務又可細分為個案工作、團體工作、社區工作。間接服務的層面較廣，包括社會工作行政、社會議題倡導、社會政策與立法遊說等。

　　社會工作常依照案主群的特徵區分工作領域，常見有兒童、青少年、老人、婦女、身心障礙者、勞工、原住民等；或是依照實施的場域，例如學校、醫院、監獄、司法立法訴求等，社會工作的主要任務是協助其他專業（例如：教師、醫師、司法官等）順利履行其工作義務。

　　從政策執行的觀點來看，行政係由行政主體、行政機關及其他機構所構成的行政組織體系。政府行政的關鍵在於公權力的組織行為與執行能力，換言之，如何領導行政團隊，充分進行溝通協調，並將資源做最有效的整合，使政策目標得以落實，在在都是屬於行政的範疇。至於，社會工作管理和社會工作行政有什麼不同？雖然兩者對象都是「社會工作」，但一個強調的是「管理」的工作，一個側重的是「行政」的工作。例如「督導」著重的是「社會工作管理」，「社會行政」進行的是行政服務，就是「社會工作行政」。

# 壹、社會工作行政的意涵

　　行政是指依據計劃、決策或決議進行作為，包括國家的政務，如內政、外交、教育、軍事、財政等；是國家或團體基於維持統治上的需要，所進行的一種權力作用；是公共機關業務的推行與管理。沃爾夫（Hans J. Wolff）認為行政須基於公益（為社會本身或成員而為），且原則上由公法的機關為之，具有目的式的行政活動。行政機關有一定的行為自由，但亦受相當的監督，行政作用有各種不同的作為方式。

## 一、定義

　　社會工作行政（social work administration）為社會工作與公共行政的結合，亦為社會工作專業方法之一。其內涵包括社會福利組織（機構）的組織型態、社會福利組織（機構）的發展過程、社會福利組織（機構）的管理方法、社會福利組織（機構）的方案計劃、社會福利組織（機構）的評估方法，以及社會福利政策的規劃、決策與分析。

　　社會行政工作除了規劃外，更重視社會福利政策的施行，也就是轉化社會政策的過程與表現，在提供社會服務的人群與組織的需求。狹義的社會行政工作，乃指人員執行並落實社會機構的行政程序。廣義的社會行政工作，是指與民眾一起工作，以建立並維持協同努力的體系的一種過程。社會行政工作即以轉化社會政策成社會行政的過程，內涵尚包括利用轉化社會政策成社會服務所獲得的經驗，以建議修正社會政策的過程。因此，它是一種雙向的過程。

而社會工作行政人員涵括：工作人員、指揮監督人員、直接服務人員、庶務人員、研究發展人員。

史全得摩（Skidmore, 1990）綜合各家說法，整理出社會行政的要義如下：(1)是繼續、動態的過程；(2)這種過程在促進完成共同的目的或目標；(3)安置好人力、物力的資源，共同的目的始能達成；(4)安置人力、物力須靠協調及合作的手段；(5)這些都隱含著計劃、組織及領導等要素。

社會工作行政的推動著眼於：與社區需求密切配合，瞭解組織的目標與服務程序，社區資源良好搭配，執行評估，動態調整施政內容。社會行政工作的服務角色在於：(1)解決工業化的社會問題，包括失業、貧窮與貧富不均；(2)都市化所造成的污染，交通、居住擁擠；(3)社會與家庭解組；(4)本於人文主義以保障基本人權，維護個人生存權、工作權、財產（利益）權；(5)落實社會連帶責任，相互依存、危險分擔；(6)實現福利國家。

## 二、人員職能

綜上所述，社會工作學者賴兩陽分析社會行政人員的職能，大概會有以下的項目：

### (一)政策擬定

大至國家福利政策走向（如：社會福利政策綱領），小至某一項福利（如：老人福利服務）未來如何發展，行政人員常須提供決策者參考意見。

## (二)法規草擬

現行福利政策有無須制定法規以為依據？母法所規定之子法如何加以草擬？現行法規是否有窒礙難行之處，需要加以修正補充？法規不明之處，如何解釋說明？均為行政人員常遇之問題。

## (三)制度設計

法規所明訂之業務，如何形成可操作之制度？例如身心障礙者保護法規定必須建立「公益信託」、「生涯轉銜」、「個別化服務計劃」等制度，行政人員即須透過制度設計，加以落實。

## (四)經費撥補

政府部門常因擁有較充裕與穩定的財源，而可對非營利的社會福利機構或團體加以補助，並作為政策引導的機制。因此，經費補助的行政作業程序就落在行政人員的肩上，如果案件繁多，確實不堪其擾。其實經費補助牽涉到資源配置的問題，為什麼要補助這項業務，而不是那一項？為什麼要補助50%，而不是70%或100%？當經費有所不足時，哪些業務必須縮減？這些決定一定會有一些「政策」考量，行政人員必須依據這些考量的因素，擬定或修正補助標準。

## (五)監督管理

公部門作為業務的主管機關，本就具有監督考核之權，不過隨著「民營化」時代的來臨，這項功能日益強化，如何將業務委託民間辦理，如何招標，如何考核其服務成效，成為行政人員常常遇到的問題。而地方政府行政人員每年亦須面對中央政府的考核，於

是，接受考核與考核相關單位，就成為行政人員的工作重點。

### (六)活動辦理

行政人員基於業務宣導、研討研習、節慶聯歡、配合選舉等情形，也常需要辦理活動，以結集相關人員，達到特定效果。

### (七)行政協調

業務上為了溝通意見、說明做法，有會議、聯繫、協調等業務。

## 三、功能

社會工作行政的功能是轉化社會目標成為社會服務行動或社會方案，使社會服務組織與社會目標合理配合，使資源得到最合理的運用與分配，建立有效的社會服務輸送網絡，提高社會服務的效果與效率。依史全得摩（Skidmore, 1990）的意見，社會工作行政的功能為：

1. 制度的層次：轉化政策為行動方案，指行政的活動在轉化及執行社會目標成為社會行動。
2. 管理的層次：使資源合理運用，包括資源的籌措與安置、結構的設計、協調，以及指導機構職員發揮最高的效用與努力，並包括職員的招募、訓練與督導。另外，也包括在可選擇的手段中之決策，使能達成既定的目標。
3. 技術的層次：保持輸送管道暢通，包括次級組織技術活動的執行——對受助者的諮詢、轉介、輔導，或物力資源的提供，以達到組織目標的選擇、執行、整合及維護工作等。

##  貳、社會工作行政的作為

　　從政府存在的本質來看，行政之目的在於解決公眾問題，並滿足公眾之需求，其創造人民的福祉無非是透過公共政策的制定與執行來加以落實，對於社會所發生的種種問題，政府選擇作為或不作為，以及如何作為都是政府行政的一部分，此為公共行政的觀點。社會工作行政是協調社會資源以落實社會政策的執行過程，其著眼於：

### 一、執行

　　從傳統的角度來看，行政是在政治的適當範圍之外，政治負責政策的制定，而行政則是負責政策的執行和推動，誠如學者張潤書所說：「行政是公務的推行」。行政執行須秉持法律的明確性，明確性原則導源於法治的思想，大略可分為法律明確性及行政行為明確性。

　　法律明確性係指立法者制定法律時，規範對象、規範行為及法律效果應該明顯，亦即構成要件應使受規範能預見。

　　法律明確性原則為：(1)意義非難以理解；(2)且為受規範者所能預見；(3)可由司法審查加以確認。「行政程序法」第一百五十條規定：「法規命令之內容應明列其法律授權之依據，並不得逾越法律授權之範圍與立法精神。」另於執行時宜本諸行政行為明確性，即以「行政程序法」第五條規定：「行政行為之內容應明確。」揭示明確性原則為行政行為之指導原則，例如「行政程序法」第九十六條第一項第二款：「……行政處分以書面為之者，

應記載主旨、事實、理由及其法令依據」;「行政程序法」第一百六十七條:「(關於行政指導)行政機關對相對人為行政指導時,應明示行政指導之目的、內容,及負責指導者等事項。前項明示,得以書面、言詞或其他方式為之。」

## 二、領導

領導是一種特殊的權力關係,施於某一情境的人際影響力,透過溝通過程以達成特定目標。在組織例行指引的機械式服從之上,影響力的增進其特徵為:團體成員覺得另一團體成員有權規定他們的行為,而作為團體成員的一分子。換言之,人與人的互動,其中一人以某種方式提供某種資訊,使另一人深信他若照著做時結果會更好;是專業人員為達成既定的目標、成就,在期望的互動中,創建結構並維持組織的結構,影響組織活動的過程;個人引導群體活動以達共同目標的行為。領導不同的研究途徑與發展而有不同的觀點,吾人可以列舉六種主要觀點:(1)領導就是影響力的發揮;(2)領導是一種倡導行為;(3)領導係促進合作功能;(4)領導是一種信賴的權威;(5)領導是協助達成目標之行動;(6)領導是達成組織目標之歷程。所以,領導乃是為了達成組織目標,領導人員發揮其影響力,建立團隊精神,激發成員工作動機,從而達成任務之行政行為。

## 三、溝通

溝通並非是一單向的訊息傳遞,而是雙向的訊息互動過程,在此過程中至少有兩個人以上參與。有效的溝通是傳送者、訊息、訊

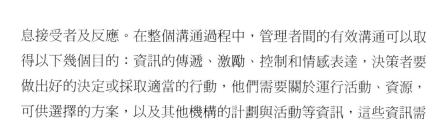

息接受者及反應。在整個溝通過程中,管理者間的有效溝通可以取得以下幾個目的:資訊的傳遞、激勵、控制和情感表達,決策者要做出好的決定或採取適當的行動,他們需要關於運行活動、資源,可供選擇的方案,以及其他機構的計劃與活動等資訊,這些資訊需要在組織結構內常規性地傳送。

## 四、協調

社會工作行政於協調事宜上包括協商(negotiation)、協議(bargaining),是針對人、事、時、地、物,以落實社會政策的目標。其中所扮演的是調解者(mediator)、仲裁者(arbitrator)、斡旋者(conciliator)及諮詢者(consultant)的角色。其對象則有行政人員之間的溝通協調,與案主的溝通協調,與社區人士間的溝通協調,與上級長官間的溝通協調,與民意代表間的溝通協調。

## 五、督導

工作者為實際工作者,同時也是一位學習者,但是實際工作者角色重於學習者。督導者對工作者的態度應是採取支持性和教育性的,專業的指導工作者在工作中所遇到的難題,並且給予建議。督導者最重要的就是要誘導工作者找到學習的方向,對於工作者付諸行動要達成目標時,要給予鼓勵表示支持。時時提醒工作者什麼是專業需求,及要如何學習才能達到成效,必要時可以示範給工作者參考,可以促進工作者往較高的專業領域邁進。督導所介紹的觀念和原則,應與工作者的案主相關才有效果。督導功能可分為教育功

能、行政功能及支持性功能。

## (一)教育功能

教育功能是為受過專業訓練且具有豐富工作經驗的督導人員，在於教導受督導者專業的知識及技巧，教育的方式包括教導、訓練、指引、建議等，使原本缺乏專業知識及實務經驗者，可以增進專業的知識及工作技巧。

## (二)行政功能

督導者在機構內扮演管理的角色，負責工作的監督、檢核及評價，與工作的分配及對各部門之間和工作人員的聯繫與溝通，而且需要對工作的實施負責任。值得一提的是，溝通在此功能是很重要的，因為督導體系好比是個總機，透過這體系，機構的工作人員才能彼此聯繫。

## (三)支持性功能

此種功能比較注重工作者內心的感受，對於工作者的壓力及抗拒的心理，都會給予支持及輔導，工作者的壓力來源來自各層面，所以為了要讓工作者能夠面對心裡的壓力，督導者要協助工作者並且建立良好的工作環境，及增進工作者應付能力的提升，要適時的給予肯定、安慰、贊許等關心方式來支持工作者。

督導的功能同時也包括使能（enable）和確保（ensure）品質的意思，使能者的意思是協助受督導者發揮工作能力，確保品質；這些功能在督導過程中是相輔相成的，都是為達成督導使命所必需的。社會工作督導的最大目標就是要塑造出專業的社會工作者，因此督導者要在訓練過程中啟發受督者，要達到這種目標，除了學校

課程的學習外，更要從實習期間和工作期間的督導過程中獲得。身為專業的助人工作者，要先養成專業的自我，才能夠協助他人。

## 六、諮商

所謂「諮商」，簡單來說，就是一個人覺得有些問題，希望別人能幫他一些忙。而諮商本身最大的意義，也就是因為這個人本身的確有需要別人幫忙的地方，諮商應具有高度敏感性，能精準敏銳地覺察人心深處的曲折婉轉，能警覺留意到成員的細微互動，能寬厚理解各種幽暗脆弱及由其引伸出之種種行動。諮商應該要能解決所有心理層面上的人的問題，其能力建立在理論知識的紮實和技術技巧的嫻熟。

## 七、原則

行政程序法對於行政作為有下述原則：

1. 依法行政原則，如行政命令不得牴觸憲法或法律。
2. 明確性原則，如行政機關訂定法規，文字宜通俗易懂，使人民易於瞭解。
3. 平等原則，如行政機關行使公權力時，對於相同之事務應做相同之處理。
4. 比例原則，如俗語有云：「殺雞焉用牛刀，用大砲打小鳥」。
5. 誠信原則，如交通警察躲在樹叢後面，伺機取締交通違規者，係違反誠信原則。
6. 有利不利原則，行政機關就該管行政程序，應於當事人有利

及不利之情形，一律注意。

7.行政裁量原則，如汽車駕駛人闖紅燈處新台幣一千八百至五千四百元之罰鍰，若警察僅處五百元之罰鍰，此一罰具有裁量逾越。

8.禁止恣意原則，行政機關在做成決定之際，僅能依事理的觀點為行為，做成的處置應與其所擬規制的實際狀態相當，如主考官對應考人具有明顯的偏見，也是屬於恣意的行為。

9.禁止不當連結原則，行政機關的行政行為與人民的給付間，並無實質的內在關聯者，則不得互相結合，如大學的入學許可，以其父母繳清欠稅為條件，即為與事件無關之不當結合。

10.管轄恆定原則，行政機關之權限須以法規為依據，不得任意設定變更，不容當事人協議變動。

## 八、效能

效能（effectiveness）可顯示一名行政人員的表現。它是指一種「能選取合適的目標或切合時宜的行動，以達成目標的能力」。杜拉克（P. Drucker）認為即「做對事的能力」（do the right things）。專業人員領導並促成服務對象及情境等協調地發揮其效能或作用，以致達成或超出預期的產出及組織情境目標的能力，就是「效能」。能充分發揮效能的學校行政人員，可使工作更順利地達到預期的目標，對改善質素或提高效能均有直接關係。一名高效能行政人員應有以下十四點人格素養：(1)判斷；(2)主動；(3)正直；(4)遠見；(5)幹勁；(6)人際關係；(7)堅決；(8)可信賴；(9)情緒穩定；(10)公平；(11)雄心；(12)獻身工作；(13)客觀；(14)合作。

## 參、社會行政工作的組織

　　依據「中華民國憲法增修條文」第十條第八項規定，社會福利包括社會救助、福利服務、國民就業、社會保險及醫療保健等工作，如就內容加以分析，社會救助指對生活困難之低收入者，於遭受急難、變故或非常災害時，所提供之各項救助；福利服務為對兒童、青少年、婦女、老人、身心障礙者、勞工、農民、榮民及退除役官兵所提供之各項福利性服務；國民就業指辦理職業訓練、技能檢定、促進就業及就業服務等有關事項；社會保險指勞工保險、農民健康保險、全民健康保險、軍公教人員保險業務；醫療保健則指醫療、保健、防疫、公共衛生、藥品、食品衛生等業務。對於基本生活需要之提供、社會公平正義之維護、人民之生活福祉之增進，人民就業之保障、健康之改善，皆有顯著助益，而且隨著社會之發展，社會福利項目亦漸增長。

　　先進國家中央社會福利機關業務大都專責化，以利業務之推展。如以1999年瑞士洛桑國際管理學院（International Institute for Management Development, IMD）調查國家競爭力前十八名國家，有關社會福利或醫療保健業務大都單獨設部。我國與先進國家相較，中央社會福利機關除就業安全或國民就業、醫療保健部分已有專責機關（行政院勞工委員會及行政院衛生署）推動外，社會安全或社會保險、社會福利方面則尚未整合，包括社會保險依據職業別分立，福利服務業務推動尚須規劃專責部級機關辦理。我國社會福利的實施，中央主管機關除內政部外，主要有行政院勞工委員會、行政院衛生署、行政院退除役官兵輔導委員會等。內政部社會司業務龐大，亟需充實相關人力，以因應民眾需求。該司負責全國社會

福利業務之大半，包括農民保險、國民年金、老人福利、身心障礙者福利、婦女福利、社區發展、社會工作、合作事業、社團輔導、社會役及綜合性社會福利政策，並負責行政院社會福利推動委員會及行政院婦女權益促進委員會幕僚工作，均屬與民眾權益息息相關。

東西冷戰結束後到二十一世紀的科技時代的來臨，全球經濟轉變，台灣面對政治民主化、經濟自由化、社會多元化及資本全球化的挑戰，國家機關及民間社會間的關係，出現劇烈的變遷與轉型，大幅實施政府再造，建立一個創新、彈性、有應變能力的政府，是提高國家競爭力的基礎，全國人民的福祉。受到自由主義的影響，1980年代之後，世界各國政府都致力於推動政府改造工作，如美國、英國、日本、紐西蘭等國，甚至包括大陸，也展開了一連串的改革措施，這顯示政府體制的改革對於提升國家競爭力的重要性，給了我們一定程度的啟示與壓力。但政府改造絕非僅限於部會的整併，政府職能與相關業務的重新檢討，以及決策程序更貼近人民需求的調整，都是國際上推動政府改造的主要項目。然而，政府組織必須調整到什麼程度才算合理？如何創造最大的效益？是需要謹慎及宏觀的思考。

社會福利的範圍有不同的分類及不同的涵蓋層面。依據聯合國出版的《社會服務組織與行政報告》，將國民所得高於我國的二十二個國家或地區主管社會福利機關歸納為五種類型：

1.有完整獨立的社會福利行政主管機關：如丹麥、香港、比利時、澳洲、紐西蘭、愛爾蘭、新加坡等國家。
2.社會福利與衛生合併的行政主管機關：如美國、英國、挪威、瑞典、荷蘭、芬蘭、加拿大、韓國等國家。

3.社會福利與勞工行政合併的行政主管機關：如德國、義大
　利、以色列、西班牙等國家。

4.社會福利、衛生與勞工行政合併的行政主管機關：如日本、
　法國、奧地利等國家。

5.社會福利與其他公共行政混合於內政部內：如中華民國。

## 一、我國的現況

### (一)內政部

　　目前內政部主管之社會福利行政組織層級分中央、直轄市、縣
（市）、鄉（鎮市區）等層級，茲分述如後：

1.依內政部組織法設社會司，掌理事項：關於社會福利、社會
　保險、社會救助、社會發展、社會服務、身心障礙重建、
　農、漁、工、商及自由職業團體、社會團體、社會運動、合
　作事業之規劃、推行、指導及監督事項。關於社會工作人員
　調查、登記、訓練、考核及獎懲事項。關於社會事業之國際
　合作及聯繫事項。關於其他社會行政事項。基於上述的職
　掌，社會司設有社會福利、身心障礙福利、社會救助、社會
　保險、人民團體、農民團體、合作事業等科執行上述的業
　務。社會司掌理之社會保險業務，含農民健康保險，低收入
　戶及身心障礙者健康保險，保險費補助及國民年金規劃；至
　於勞工保險及就業保險則由行政院勞工委員會主管，軍人保
　險由國防部主管，公教人員保險由銓敘部主管，全民健康保
　險由行政院衛生署主管，此外行政院退除役官兵輔導委員會
　掌理榮民福利，行政院原住民委員會掌理原住民福利，行政

院青年輔導委員會掌理青年輔導工作。中央與地方之分工係依據憲法之規定；中央與地方之關係則是均權；中央與地方在社會福利分工而言，中央所掌理事項以政策規劃、立法推行、指導及監督為主，具有全國一致性之業務，由中央立法與執行；地方則負責自治事項之規劃與推行。根據行政院於2001年9月21日函送立法院審議之「社會福利基本法草案」，明定中央政府與地方政府社會福利事權之劃分，以建立責任政治，保障人民之權益；明定各級政府社會福利支出之負擔應依法律規定辦理，並規定社會福利經費來源及各級政府應寬列社會福利經費，以落實社會福利之執行。

2.直轄市、縣（市）層級：直轄市、縣（市）層級主管機關為直轄市、縣（市）政府社會局（處），下設（科、課、室）並附設各類社會福利機構，辦理社會行政、福利服務、社會救助、社會工作、合作事業等業務。

3.鄉（鎮、市、區）層級：鄉、鎮、縣轄市及省轄市區公所，原設民政課辦理社政業務，自1999年8月12日「地方行政機關組織準則」公布後，多已單獨設立社會課辦理上述業務。

## (二)行政院衛生署

行政院衛生署掌理全國衛生行政事務，內部業務單位設醫政處、藥政處、食品衛生處、企劃處四處，以及公關室、資訊中心、健保小組、科技發展組、國際合作組、法規委員會、訴願委員會等七個任務編組；另設附屬機關：中央健保局、疾病管制局、藥物食品檢驗局、管制藥品管理處、國民健康局及中醫學委員會，並設有三個專門委員會：全民健康保險監理委員會、全民健康保險爭議審議委員會及全民健康保險醫療費用協定委員會。另督導三個財團法

人機構：財團法人國家衛生研究院、財團法人醫藥品查驗中心、財團法人評鑑暨醫療品質策進委員會。配合台灣省政府功能業務與組織調整，原台灣省政府衛生處、家庭計劃研究所、婦幼衛生研究所、公共衛生研究所及三十六家省立醫院改隸為該署中部辦公室及該署附屬機關。家庭計劃研究所、婦幼衛生研究所、公共衛生研究所更與行政院衛生署保健處合併，90年7月成立「行政院衛生署國民健康局」。

## (三)行政院勞工委員會

行政院勞工委員會掌理全國勞工行政業務，內部業務單位設有八處：勞動關係處、勞動條件處、勞動福利處、勞動保險處、勞工安全衛生處、檢查處，綜合規劃處及統計處。三個任務編組：資訊中心、法規委員會、訴願審議委員會，附屬機關為職訓局、勞保局、勞保監理委員會、勞工安全衛生研究所。在台灣省政府功能業務與組織調整後，原台灣省勞工處及所屬十一個機關改隸勞委會。

## 二、我國的問題

## (一)社會福利支出分散

依照監察院調查報告認為，中央社會福利預算編列所涉及之機關分散在十二個部會各自辦理，一直未有統籌的運作機制，加以有效的管理與運用，導致社會福利資源分配不公、資源錯置。另外，對於身心障礙、兒童與婦女福利問題，亦已非僅現金補助、機構收容或物資發放方式，就能使之脫離困厄，而須經常伴隨著醫療照護或心靈重建等措施的介入。

## (二)社政機關層級過低

內政部社會司負責主要社會福利政策的規劃與制定，但由於屬於內政部的幕僚單位，加上社會司內部事多、權責分歧的情形，更難以有足夠的地位與其他部會協調，不僅阻礙政策推動之時效，更因機關間督導權責不易釐清，造成不明確之灰色管理地帶，降低推動的效能，使得民眾無法獲得完善的照護。

## (三)社政業務分屬多元

醫療衛生與社會福利業務關係密切，彼此之間常需互相配合彼此支援；但由於我國之醫療衛生與社會福利業務，分屬衛生署與內政部掌管，經常因政策、措施及執行標準不一而無法充分配合，就以老年照護為例：照護需求是多元且複雜的，涵蓋層面包含「生活照顧」、「急性醫療」與「長期照護」三大環節，須結合醫療與社會福利資源，才能提供「全人」的服務。因此，宜推動衛生醫療與社會福利工作統合在一個機關底下，簡化各類行政程序，推動單一窗口服務，才能使民眾得到便利且符合其需求之整體性服務。

## (四)公私部門未能整合

在推動社會福利工作上，已逐年朝向結合公私部門統合而為的發展方向。然而現行尚存有下列三個問題：(1)實施計劃與契約中的委託明細不精準，結果常常是提供資源因契約記載不明確而產生爭執；(2)契約委託的「成本」難以精確地計算，造成受託單位及委託機關雙方爭議；(3)「效率與品質」的測量技術尚難釐清，以至於不能確保服務品質。

### 三、興革意見

多年來，社會福利團體及學者鑑於社會司位階偏低，訴求提升位階的呼聲始終未曾間斷。在行政院組織法修正草案中，社會福利行政組織將勞工委員會升格為「勞動及人力資源部」，衛生和社會福利合併稱為「衛生及社會安全部」。這樣的部會設置，滿足了提升社會福利行政位階的期待，回應了健康照顧和社會服務需求的整合，也是順應國際間發展型態和全球化思考方式，並順應我國特殊社會型態，期待取得最大的共識，落實貫徹執行社會福利政策，充分維護人民福祉。未來「衛生與社會安全部」完成立法程序後，必須從部內專業性整合和部外功能性的連接，才能使社會福利政策貫徹落實推展，並有效確保人民基本福利權，並順應高齡化、少子化的社會問題，有效解決社會財富分配的不公、貧富差距擴大，以及高失業率等問題。

在國外社會福利行政組織整合的經驗，就像德國是勞工和社會福利的整合，美國則是衛生和社會福利之整合，而日本是將衛生、社會福利和勞工的整合。「衛生及社會安全部」在行政院組織法修正案通過後，必須與「勞動與人力資源部」充分配合，發揮部外功能性連接之效果。失業問題的嚴重以及人力供需失調的問題，必然增加社會負擔和社會福利的支出，在落實精緻人才培育和任用體系，不僅得精緻我國產業結構，也得增加經濟產值，提升經濟發展速度，而人力資源的有效運用和充分就業，降低了社會福利的負擔，使我國社會福利政策走向更精緻和積極發展的層次。為了確保社會安全和社會財富的合理分配，勢必有賴「衛生及社會安全部」和「勞動及人力資源部」的共同努力，做功能性的連接方能達成。而有效執行全民福利政策，也必須結合民間資源，建構更具積極性

和發展性的社會福利效率，以滿足民眾福利需求，並提升社會福利
服務的水準。

## (一)中央行政體系籌建制

　　由於我國社會福利及醫療衛生業務分屬不同機關主管，無法提
供民眾完整及妥善之服務，故能整合社會福利與衛生之行政體系，
統籌社會福利、醫藥衛生與健康保險等方面之業務，使得衛生與社
政工作在體制及執行層面上均能相互結合，這將有利於社會福利政
策之推動與民眾福祉之增進。且參酌美國保健福利部、日本厚生勞
動省（下設社會援護局）、韓國保健福利部、澳洲健康暨老人照護
部，均是類似體制。綜合言之，現階段國民之社會福利需求，仍以
提供老年及弱勢團體之完善醫療服務（包括：中老年保健服務、身
心障礙者復健及重建、低收入戶醫療等）為優先，老人的醫療、安
養、經濟、社會等福利需求問題日益擴大與多元化，須予以重視解
決；依據內政部各項福利經費成長，以身心障礙福利及老人福利的
經費成長最多，因此衛生醫療與福利的整合應是符合二十一世紀社
會發展需求趨勢，也是行政院組織法研修的主要方向。

## (二)中央與地方權責劃分

　　依據憲法規定，中央與地方的關係是均權主義，權限劃分各
有其合理界限，都是以「全民福祉」為依歸，把握效率與成本的原
則。因此未來中央與地方政府在社會福利行政部分宜積極協調分
工，應以「夥伴關係」處理彼此權限，中央所掌理事項以政策之規
劃、推行、指導、監督及部分執行；地方則負責自治事項之規劃及
推行，並執行福利民眾有關事宜。即在地方層級上，體系和人力調
整應配合業務需要予以規劃，建構具有執行能力的社會局，於鄉

（鎮、市、區）公所增設社會課，執行各項社區工作，增強基層社會福利人力，現有村里幹事接受社會工作訓練，使社會工作概念能夠落實到最基層，設立單一窗口或個案管理中心，讓跨局處的單位能做全盤的推動，整合區域資源。

### (三)公私部門社會福利的分工合作

　　政府應結合社區與民間組織，妥善分工，截長補短，建立周延的福利服務體系。政府角色應由傳統福利供給者逐漸調整為福利規範者及補強者，建立制度化的政府與民間的協力合作關係。培植民間福利組織的能力，改進政府與民間福利團體的互動關係，推動社會福利事業民營化，促進多元福利服務的落實。

### (四)發揮專業整合之效能

　　「衛生與社會安全部」建制後，部內的組織架構自然需要更進一步規劃，以滿足專業整合後，發揮專業整合之效能。自然也必須與直轄市和縣（市）政府進一步協調和溝通，使專業整合後之社會福利政策，能在直轄市和縣（市）政策落實執行。就像在部內組織中預留的國民年金局，以維護民眾基本生存權。從長期的歷史觀點而言，福利體系的發展原本是針對當時日漸惡化的勞工生活所做的反應措施，另一方面也是為了維持勞工生產的水準。資方因此種人力投資而提高生產力，也可以間接得到更多的利益，因而保護工人亦即是保護自己的利益。福利計劃的實施已成為一種工業化過程中的制度性調整機能，以避免過度的不平均分配妨礙了社會的生產秩序。

## 四、努力方向

　　我國的社會福利行政體系一直扮演著執行社會福利政策，滿足民眾福利需求的重要角色。然隨著政治民主化、經濟快速發展等環境變化，社會結構急遽變遷；多樣化的社會問題帶動高度的社會福利需求。值此，著眼於全人照顧，整合醫療衛生與社會福利之行政體系，將有助於資源配置與運用，使組織建制更合理化，事權更明確化，服務更有效率化，確須詳加縝密探討因應。

### (一)行政部門的綜合協調和監督體系仍須加強

　　由於社會安全制度工作涉及範圍相當廣泛，如全民健康保險及衛生管理體制，現行社會安全經濟保障有關之制度包括津貼、社會救助措施、身心障礙保護、社會保險老年給付以及退休金等各種制度，因對象之差異，訂定不同之給付方案、給付標準、給付條件，且主管機關均不同，政出多門，財務負擔加重，這都涉及社會安全制度，如何整體推進問題，仍有必要研究加強有關行政部門的綜合協調。

### (二)勞政與衛社未整併仍有銜接及組織精簡難以一次到位問題

　　整併衛生、社會福利行政部門，精簡組織，俾職責分明，事權統一。透過一元化組織之再造，可減少組織及層級，推動單一窗口服務，改善社會福利組織與衛生業務龐雜分散，跨部會協商不易的現況，藉以提升施政效率。惟有鑑於日本厚生勞動組織之整併，除著眼於行政組織縮小化，基本理念在於因應少子高齡化、男女共同參與、經濟結構變遷、統一公共年金制度所做的考量。而我國勞政與衛社未整併，有關長期照護、外籍監護工、居家服務、就業服

務、公共衛生、勞動環境、國民年金與勞工退休制度無法整合,仍有銜接的問題存在。

## (三)社會安全制度抵禦風險的任務十分艱鉅

由於衛生保健的改進、醫療水準的提高及社會福利設施的改善,人口漸漸老年化,加上一般人晚婚、少子,社會結構迅速高齡化。一個國家進入老年化社會,普遍現象就是生產者減少,消費者增加,養老保險造成巨大壓力,由於老年人的醫療負擔必然給全民健康保險財務制度帶來更大的風險,改革社會安全制度和全民健康保險也迫在眉睫,世代會計方法任重而道遠。

## (四)思考層面優先順序及彼此尊重專業分工

社會福利著重經濟安全、從少到老的服務及身體健康等層面,衛生單位似較從健康層面考量,兩者存在不同思考模式,業務調整後,主事者允宜避免輕重失衡,整併須尊重彼此分工,以整合為服務周全的網絡。

## (五)地方衛生社會行政體系資源整合

目前各縣市政府、鄉鎮市區公所分設社會局及社會課或民政課。至於衛政組織,從中央至基層自成一條鞭之指揮督導體系,與社政自始是完全分立的。直轄市、各縣市衛生局,均為所屬一級機關,而非地方政府內部單位。各鄉鎮市已均設衛生所,直隸衛生局,與鄉鎮市區公所無隸屬關係。若中央將社政與衛政合併,則中央與地方組織不同體系,仍須思考後續業務整合問題。

我國社會福利行政組織歷經多次變革均有其時空背景,業務時而採單一制,時而採分散制,而社會福利行政組織再造,則朝單一

制方向發展，整合醫療衛生與社會福利行政體系，力求更能滿足民眾需求、組織建制更合理、事權分工更明確、服務更有效率、更能提升服務品質。這一波組織再造的同時，中央與地方關係分權化、民營化、委外化亦正同步進行中，福利滿足民眾基本需求和提供社會保障的商品與服務，則有更多種來源，而各種福利提供者之間的功能正在重新分配，福利提供逐漸多元，期望組織再造，一面在統合，一面在多元之際，社會的總福利規模與功能一樣能獲得確保。社會福利的建構是社會發展的基礎，以保障人民基本生活權益。

 結語

社會工作專業致力於提升個人、家庭、團體、組織與社區的社會功能，期使社會中每個人都有幸福美好的生活。社會工作的宗旨目標也正是社會福利制度的理想。當前的社會福利政策應朝向積極性、前瞻性、永續性的方向發展，並定期檢討社會福利政策的方向與內涵，研修社會福利政策綱領，且確立社會福利取向、範疇、經費來源及服務分工等原則，研訂中長程計劃，以回應社會問題與需求的變遷及經濟環境的調整。社會福利有助於社會資本的累積、人力資本的提升、社會基礎的穩定及社會安定的維持，不應視為只是消費性的支出與負擔。以目前實施情況，政府應配合社會福利政策的修訂、社會立法的通過，同步調整社會福利預算、人力配置、行政體系及實施基準等。同時，各級政府主管社會福利相關業務部門應積極進行政策與方案的整合與協調，以免福利提供發生片段、不一致、不連續、本位主義的弊病，進而提升整體施政效能。將組織、經費、人員密切整合定位，並調和與社會服務的功能。促進區

域間資源分配的公平化，重新調整財政收支劃分或其他配套措施，解決各縣市社會福利資源分配不均的問題。合理調整人口群間的福利作為，同時兼顧特殊人口群的福利需求，及未來發展特質，以達成社會公平與正義。

## 問題與討論

一、請說明社會工作的工作方法的內涵。

二、請說明社會工作行政的意涵為何。

三、請說明社會工作行政的作為有哪些。

四、社會福利的範圍有不同的分類及不同的涵蓋層面，請說明其內涵。

五、請說明我國社會福利的行政機構。

# 第三篇

## 實務篇
──藉具體作為，以引導專業投入

# Chapter 9

## 家庭社會工作

前言

　　家庭是人類社會最基本的單位，人的一生大都是在家庭中生活，是一個人最早接受社會化及互動最多與最親密的系統，因此對個人行為的影響也最大。所以如果要瞭解案主的問題或對案主問題有更有效的解決方法，就要關心到他們的家庭，家庭除了提供瞭解案主問題的主要分析單位，同時也將家庭納為服務對象。因此，個案工作也是家庭社會工作，而家庭社會工作也運用個案工作方法；個案工作或個案管理是一種解決問題的方法，家庭社會工作是介入的觀點。傳統的家庭定義，指的是異性的兩個成年人，可能擁有婚生或收養子女，家人彼此之間有經濟分享、共同居住、情感分享、夫妻之間有合法性行為。龍冠海認為在談論家庭制度時，最不可以遺漏的便是家庭功能，其指出家庭的功能，即為家人提供場所及物質、精神、感情等條件，能使各方面獲得身心發育、長大與成熟（龍冠海，1997）。就家庭制度而言，強調家庭制度有其功能的存在，例如生育、養育、社會地位的給予、個人的社會化等，家庭具有經濟、政治、宗教、社會化和養育兒童的功能，並提供成員心靈和情感上的支持。

　　家庭社會工作的要點會隨著時代背景、社會變遷及地區需要不同而有差異，但大致上可分為兩類：第一類是家庭服務，包括家庭生活教育、家事管理服務、家庭旅遊服務、幼兒學前教育、老人健康服務、心理衛生服務等。第二類是家庭治療，包括個案工作、家庭諮詢、婚姻諮詢、婚前諮詢等。

# 壹、家庭社會工作的意涵

　　家庭制度隨著社會變遷會有所改變，家庭結構和活動所呈現出來的變遷，是為了適應社會上其他部分的變遷，在現今工業社會中，生產模式改變，家庭在經濟上的功能，由傳統的生產單位轉變為現在的消費單位，社會流動快速，所推崇的價值也由成就地位取代歸屬地位，因而傳統大家庭（大家族）的家庭形式，已經不再能夠滿足現今需求，進而以核心家庭為主，成為工業社會中家庭形式的主流。龍冠海將家庭的功能區分為：生物的、心理的、經濟的、政治的、教育的、娛樂的、宗教的（龍冠海，1997）。為促進家庭功能，在社會工作的專業上有家庭社會工作，其內容是將社會工作的知識與技術運用於家庭之中，以家庭為核心，重建家庭功能，預防家庭產生問題（謝秀芬，2004）。申言之，家庭社會工作是針對各種型態的家庭與婚姻問題，以整個家庭系統而非個人為治療重心，協助其調整功能失調之家庭結構，造成有益的改變。使整個家庭及個別成員具備成長條件，邁向更美滿的生活。其目的是保護、維繫及強化家庭關係，協助家庭成員建立互相關懷的人際關係，協助預防及解決婚姻糾紛、子女管教、身心障礙人士適應問題，提供家庭危機支援、幼兒照顧、協助單親人士、受虐婦女等各方面的個人及家庭問題。

　　家庭社會工作的主要內容如下：

## 一、直接的服務

　　人有親密性的需求，家庭中成員的關係立基於血緣、婚姻與收

養，其中尤其是血緣關係，是無法改變的，成員間彼此的情感是與非家人的關係不同的，在家庭中成員間的關係是屬於志願的、互助的與協調的，可以提供彼此情感的慰藉，成員間是有愛與信任。且家庭是合法的婚姻制度，男女兩性間的性生活是合法允許的，家庭有其提供規範約束之重要性。直接的服務是指家庭福利機構對各家庭成員所分配的一定角色之實行遇到困難時，去除掉產生困難的社會、心理、生理的條件因素或是預防的服務。因為援助家庭的社會功能可以有效的實施，是家庭社會工作的基本課題，而社會功能的實施則必須視家庭成員所期待的角色是否能實行。所以社會工作者如將對幼年、少年、老年的服務與家庭之關係相配合，可透過家庭制度以擴大社會工作之成效。而預防和去除妨礙家庭成員角色實行的各種因素的服務，就是家庭社會工作的直接功能。

## 二、間接的服務

家庭成員間的經濟資源共享，是普遍存在各個傳統社會中的，家庭是最基本的經濟單位，在傳統農業社會，家庭扮演生產單位的角色，家庭成員彼此工作在一起，享受在一起，家庭生產各種必需的物品，以供給不同成員間的需要。間接的服務是指對家庭間接的幫助，非由家庭社會福利機構直接給予幫助，而幫助家庭接受其他機構、團體或設施的服務，家庭福利機構只是做媒介，來指揮調整其他機關、團體的服務。妨礙家庭生活的原因很多，如經濟、社會、心理、身體等，而這又常是有關聯的，所以家庭福利機構對個案會加以分類、照會和轉介，且關心其他機構的服務，使各項服務不互相衝突，是整合和調和的角色。

家庭社會工作以整個家庭為服務或治療的對象，而把家庭中任

何一個帶有問題的成員，均視為整個家庭的問題，加以處理，從家庭的社會功能著手協助。此種重視家庭制度之本身，是基於協助個別之成員的做法。健全家庭功能的相關福利服務是一項專業人力密集的系統，隨著相關法案的一一通過，此方面的專業人力宜有所培育與配置，以使各項福利服務能發揮應有的功能，達成增強家庭功能的目標。

##  貳、家庭社會工作的方法

　　社會由傳統進入現代後，家庭在面對不同以往的外在環境結構與社會價值觀的轉變，其自身結構勢必也有所轉變。傳統家庭功能的減弱與衰退，而新增加的是現代家庭結構分化與功能專門化，家庭制度因結構的改變在功能上已有所轉變。諸如社會化中的教育功能，已轉由學校教育制度取代之，現代社會所需的知識與技能是遠較傳統社會複雜，而家庭所能教授的知識技能有限，因而轉由學校培育現代社會所需的專門人才。經濟功能的轉變更是如此，家庭結構的轉變便是為迎合時代的潮流以求取體系的生存。家庭有關的福利相當廣泛，且涉及各相關單位主管權責，分別訂定相關法規，諸如社會救助法、兒童福利法、少年福利法、家庭暴力防治法及性侵害犯罪防治法等，企圖支持及維護家庭成員之福祉。然而，隨著家庭組成結構的變化，家庭內、外部環境都面臨諸多問題。檢視各類服務成效在面對組織內、外部環境因素變遷，仍亟需突破現有困境。

　　針對現今社會的家庭問題，家庭社會工作的方法如下：

## 一、社會個案工作

　　家庭提供社會成員社會化的功能，社會化是一種經由不自覺的模仿過程，吸收父母行為模式，學習社會中的規範、信仰、態度和社會價值，使個人由自然人成為社會人。因為人一出生便處於家庭之中，家庭便是個人最早可獲得社會化的場所，家庭中由父母親提供教育功能，使個人人格獲得發展，並學得基本生活知識與技能，再透過社會化，使其能與他人互動和溝通。家庭社會個案工作其對象是個人或家庭，其運用社會工作方法，協助個人或家庭解決問題。個案工作者重視個人自由與對個人的服務，如透過家庭來向個人提供服務，更可增進社會服務機構與家庭之合作，擴大資源應用。

## 二、社會團體工作

　　台灣目前的家庭政策，大都散布在各個與家庭有關的社會福利和教育法中。然而，各個法案中有關給付或服務的對象範定相當分歧，有些法案以個人為中心，有些則範定在三代與旁支的親人，排除性相當高，而對台灣近年來的家庭變遷，實在有必要重新範定「家庭」的範圍，以彰顯政府全面支持家庭的政策理念。家庭社會團體工作宜運用社會工作技巧，經由團體動力過程以及團體工作員的協助，使團體的個人獲得行為改變、社會功能的恢復與發展，並達成團體目標以及社區的發展，進而促進整體社會的民主成長。團體社會工作者如能從一對一的方式擴大為多元案主系統方式，必可增加其多元性工作技術，在診斷與處理案主問題時，也可由微視層面進一步擴充，增進工作能力。

### 三、社區組織工作

家庭結構的變遷與功能的改變，由現代化的過程來看，即是傳統農業社會到現代工業社會。若就生產模式、社會流動的改變來看，現代化的過程造成的家庭結構，有了以下幾方面的變遷：家庭組織由複雜趨向簡單，近年來台灣家庭結構中家庭成員逐漸減少，生育率降低，為適應現代化的變遷，進而以核心家庭為主要家庭結構類型，家庭組織由傳統的複雜形式轉變成現代的簡單結構形式；家庭社區組織工作以社區為單位，瞭解社區的問題與需求，動員社區一切資源，配合外力協助，合力解決社區問題，滿足社區需求，以促進社區福利。

### 四、社會工作研究

在現代社會中，傳統家庭的功能在減弱與衰退，社會結構的快速變遷對家庭造成巨大的衝擊，也因而產生了顯著的家庭問題（伊慶春、蔡瑤玲，1989）。面對家庭功能的失調，政府不得不重新研議家庭福利服務的發展，並提供各種公共措施以利家庭的生存。家庭功能衰退的同時，家庭政策的需求應運而生。「家庭政策」之目的便是在於提供家庭「支持性」、「補充性」與「替代性」服務，來協助家庭無法妥善發揮之功能。支持性服務是家庭系統的第一道防線，具有預防家庭系統受損壞之功能，而替代性服務則是最後一道防線。因此，家庭社會工作研究宜以科學方法，從事對社會工作政策、措施與實施方法的評估工作，包括資料收集、抽樣、驗證、推論、解釋、建立理論與模型的過程。

### 五、社會工作行政

　　傳統家庭所能擔負的保護與照顧功能，隨著女性勞動參與率的提升，尤其無法發揮傳統家庭中婦女所扮演的照顧者角色，與職場工作角色存在衝突。子女的牽絆也成了婦女能否就業的重要因素之一，雙薪家庭子女托育需求，便是其核心家庭中主要需求之一。雙薪家庭在家庭照顧功能上，缺乏人力資源。不論婦女外出就業的工作模式如何改變，老年父母與子女同住比例如何改變，考量家庭福利政策時，不得不考量家庭結構的重要性，由此便凸顯出其重要性。其他家庭功能，諸如社會化與教育功能，由於現代家庭結構簡單，父母平時忙於謀取生計，家庭中的社會化功能已大不如前，子女管教問題在現代家庭亦成為一個重要的議題，在父母疏於管教時，青少年次文化中的偏差行為導正便容易出問題。而家庭的教育功能打從子女達幼稚園年齡便離開家中，改由學校單位負起教育之職，而同儕團體與大眾傳播媒介的影響力便加大了。與家庭相關的社會問題層出不窮，例如少年犯罪、婚姻暴力、兒童虐待、老人虐待、精神疾病、遊民、自殺、學童中輟等，在在顯示家庭在教育、扶養、照顧，以及滿足成員需求的能量在下降中，需要被支持，才能減少社會問題的發生，降低社會成本的支出。因此，就現今家庭結構而言，各項功能無法展現的同時，是急需政府推動家庭政策，以國家的力量建構福利體系來協助家庭系統正常運作。是以家庭社會工作行政以整個社會工作機構、組織、評估等手段，來達成社會福利政策和社會工作實施的功效。

　　台灣目前的社會福利政策多以個人的身分特質（如：婦女、兒童、身心障礙、老人等）、居住地區（如：台北市、台北縣等）及戶籍登記等條件來設定，將一個家庭分為數個部分來提供各項支持

性的福利服務，不但零碎不完整，家人甚至必須疲於奔命於各個相關單位，以取得所需的支持性服務。未來如何整合這些已存在的相關政策，實在有其必要性及積極性意涵。除了積極整合相關家庭福利政策外，各個家庭在取得現有的福利服務與給付時，常受到家族主義、戶籍主義及地域主義影響，使得一些弱勢家庭無法取得各項所需的資源，以健全其家庭功能，而導致家庭不穩定、暴力頻傳、經濟不足等事件。

##  參、家庭社會工作的理論

### 一、功能論

功能論主要探討系統與系統之間的關係，或是所謂的社會結構是如何相互依賴的互動，互動中其行為對系統帶來功能性或非功能性的影響，為維護系統存在，成員必須遵守社會結構所給予的規範。家庭具有保護和照顧家庭成員的功能，一旦家庭成員遭遇危險或攻擊，所有的家庭成員必群起保護，也提供不同成員生活上的各種安排與照顧，例如照顧幼小的成員和年老的成員便是家庭所具有的重要功能，使每個家庭成員能有安全感。功能論者視家庭為可以在生理上、心理上滿足其成員，同時也是維護社會存在的結構。

### 二、衝突論

衝突論認為社會變遷是必然的，人與人之間及系統與系統間會出現競爭、衝突、不平衡也是正常現象；反對表面的和諧，認為

表面和諧其實只是忽略在底層的受壓迫者；也主張衝突不一定是不好的，衝突也有其功能，因為可以帶來整合的共識，因此有所謂的「衝突功能論」。在傳統家庭中，是高度的父權制，以中國農村家庭而言，家中最年長者的男性擁有最大權威，隨著農業社會沒落，大家庭制度瓦解，婦女投入勞動力市場，現在家庭權威亦由父子軸轉向兩性平權的夫妻軸為重心，家庭權威趨由兩人共同支配。伊慶春與蔡瑤玲（1989）的實證研究結論中指出，就目前的社會規範而言，家庭中丈夫的權力大致是來自傳統文化的認可；而在實際的家庭決策上，則主要以夫妻共同決定之平權方式來執行。如果未來婦女之工作角色逐漸成為家庭關係上的重要影響因素，則夫妻權力的發展趨勢將可能朝向更平等或真正平等的方向。

### 三、符號互動論

本理論乃在於重視人們的自主性，著重人們是如何定義及解釋他們自己或是別人，也重視人們的自然性。傳統的家庭經濟分工模式，常是由「男主外，女主內」，社會中的勞動力大都是以男性為主，而現代社會中女性勞動參與已明顯提高，家庭的分工型態已有所改變，雙薪家庭在現代社會以核心家庭為主要家庭結構型態中，是屢見不鮮的。

### 四、社會交換理論

當傳統家庭的定義被挑戰，單親家庭、繼親家庭、同性戀家庭、未婚生育家庭、未成年家庭、個人（不婚）家庭等多元家庭觀念漸被接納，社會交換理論強調，家庭成員任何一方都在期待雙方

可以同時被獎賞，這就是所謂的互惠，關係的存在是因為雙方都同時獲利。家庭成員的酬賞可分為金錢、社會肯定、自尊、尊重或順從四種類型。而尊重及順從來自於獎賞和資源的控制，此稱為權力。成員間具有高度的相互依賴的關係。

## 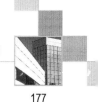 肆、我國家庭政策的內涵

依據社會變遷的實況考量，伴隨著所得分配不均的擴大，失業與低所得階層家庭的經濟弱勢更加明顯；資訊科技的發展，改變了人際溝通關係與互動模式；跨國人口流動規模加大，外籍家庭看護人力的引進，以及跨國婚姻的比率升高，改變了傳統家庭的文化認知；新型住宅聚落的大量興建，傳統社區關係解組，新的社區關係形成；育齡婦女生育率下降，家庭人口組成規模縮小，人口快速老化，家庭照顧的對象由兒童轉變為老人；離婚率升高，單親家庭比率隨之提高，家庭結構日趨多元；婦女勞動參與率升高，兩性平等觀念逐漸取代男主外女主內的父權體制；家庭暴力事件頻傳，婚姻與親子家庭關係不穩。單靠呼籲維護傳統家庭倫理，似乎無法因應上述社會、經濟變遷對我國家庭的衝擊。

有鑑於此，各界遂有制訂家庭政策的呼籲。政府於2004年訂定「家庭政策」時，即以「健全家庭功能，提升生活品質」為主軸，強調「本著尊重多元家庭價值，評估不同家庭需求，建立整合家庭政策群組機制，研擬以需求為導向」。基於支持家庭的理念，而非無限制地侵入家庭或管制家庭。國家與社會應認知家庭在變遷中，已無法退回到傳統農業社會的家庭規模、組成與功能展現；同時，也深信家庭的穩定，仍是國家與社會穩定與發展最堅實的基礎；而

家庭所面對的問題與需求，亟需國家與社會給予協助。因此，家庭政策制訂的目的，一方面基於維持傳統家庭的穩定，另一方面在於回應社會、經濟、文化變遷對家庭產生的影響，其內涵為：(1)保障家庭經濟安全；(2)增進性別平等；(3)支持家庭照顧能力，分擔家庭照顧責任；(4)預防並協助家庭解決家庭成員的問題；(5)促進社會包容。

基於支持家庭的政策主軸，家庭成員不論性別、年齡、身體條件、種族、宗教信仰、語言、文化、婚姻狀況，應被尊重與公平對待。家庭間亦不應因經濟條件、婚姻狀況、子女之有無、種族身分、居住地理區域等而有差別對待。但為了保障弱勢者的生存權益，國家必須提供適當的補救，以利家庭維持功能。據此，提出以下原則作為規劃家庭政策具體實施方案的根據，以保證上述家庭政策目標得以被實現。

## 一、保障家庭經濟安全

1. 建立全民普及的年金保險制度，保障老年、遺屬、有經濟需求之身心障礙者的基本經濟安全。
2. 結合人口政策，加強對弱勢家庭的經濟扶助，以減輕其家庭照顧之負擔，並確保家庭經濟穩定。
3. 運用社區資源，提供低所得家庭的青、少年工讀與接受高等教育機會，以累積人力資本，協助其進入勞動市場，並穩定就業。
4. 協助低收入家庭有工作能力者參與勞動市場，及早脫離貧窮。
5. 針對不同型態的家庭組成，研議符合公平正義之綜合所得稅

扣除額及免稅額，以保障家庭經濟安全與公平。

## 二、增進性別平等

1. 落實兩性工作平等法及就業服務法，消除性別歧視的就業障礙。
2. 貫徹兩性工作平等法有關育嬰留職停薪之規定，研議育嬰留職期間之所得維持。
3. 鼓勵公民營機構提供友善員工與家庭之工作環境，減輕員工就業與家庭照顧的雙重壓力。
4. 推廣與教育兩性共同從事家務勞動之價值。

## 三、支持家庭照顧能力，分擔家庭照顧責任

1. 提供家庭積極性服務，減少兒童、少年家外安置機會，進而達成家庭養育照護功能的提升。
2. 建構完整之兒童早期療育系統，協助發展遲緩兒童接受早期療育。
3. 普及社區幼兒園設施、課後照顧服務，減輕家庭照顧兒童之負擔。
4. 鼓勵企業與社會福利機構合作辦理企業托兒、托老，及員工協助方案，增進員工家庭福祉。
5. 規劃長期照護制度，支持有需求長期照顧的老人、身心障礙者、罕見疾病病患之家庭，減輕其照顧負擔。
6. 提供社區支持有精神病患者之家庭，以減輕其照顧負擔。
7. 培養本國籍到宅照顧人力，減低家庭對外籍照顧人力的依賴。

## 四、預防並協助解決家庭內的問題

1. 落實家庭教育法，提供婚姻與親職教育等課程，協助家庭成員增強溝通技巧、家庭經營能力。

2. 提供家庭服務，協助家庭增進配偶、親子、手足、親屬間的良好關係。

3. 為保障兒童、少年權益，協助離婚兩造順利完成兒童、少年監護協議，引進家事調解制度，以降低因離婚帶來之親職衝突。

4. 增強單親家庭支持網絡，協助單親家庭自立。

5. 提供少年中輟、行為偏差之處遇服務，以預防少年犯罪或性交易行為之產生。

6. 為終止家庭暴力，提供家庭暴力被害者及目睹者相關保護扶助措施，並強化加害者處遇服務，進而達到家庭重建服務。

7. 倡導性別平權，破除父權思想，加強家庭暴力防治宣導與教育，以落實家庭暴力防治工作。

8. 建立以社區（或區域）為範圍的家庭支持（服務）中心，預防與協助處理家庭危機。

## 五、促進社會包容

1. 積極協助跨國婚姻家庭適應本地社會。

2. 協助跨國婚姻家庭之子女教育與家庭照顧。

3. 提供外籍配偶家庭親職教育訓練與婚姻諮商服務。

4. 宣導多元文化價值，消弭因年齡、性別、性傾向、種族、婚姻狀況、身心條件、家庭組成、經濟條件，及血緣關係等差異所產生的歧視對待。

## 伍、家庭社會工作的作為

　　由於現行與家庭相關之福利措施與業務，散見於個別法案與各行政部門，導致現行家庭福利服務輸送體系呈現分立之現象；近年來，不管是政府部門或民間組織，對於「整合」家庭福利服務輸送體系之努力，著眼點多在檢視重複資源，避免浪費；整體而言，係傾向於彌補家庭功能之不足，如以現金給付替代直接服務，強調緊急救援忽略預防工作，家庭福利資源不足。

　　現今台灣人口結構，朝向老年人口增加、幼年人口減少之變遷趨勢，勞動市場結構亦朝向婦女就業、雙薪家庭之方向發展，再加上單親家庭增加、離婚率上升之現象，皆讓傳統家庭之育兒、養老等照顧功能削弱衰減，無法發揮健全的家庭功能，再加上人口移動、跨國通商、通學、通婚的現象，產生相當程度的社會衝擊，進而衍生各種家庭福利需求。家庭社會工作當以家庭為本位，明確的家庭定義，可使政策服務對象明確。在家庭結構轉變的同時，過往的法律對於家庭的定義是否仍合乎時代潮流有待檢討。面臨家庭結構重組，功能削減的危機，透過政府的介入來支持保護家庭傳統既有之功能，已成為目前家庭社會工作的重點。目前政府社會救助工作方面，特別是現金給付部分，往往會因行政裁量考量或因法律上於家庭定義之界定不合時宜，造成審查資格嚴苛，特別是親屬的關係界定墨守「家族主義」及「戶籍主義」成規，造成申請人資格不符規定，例如社政人員引用民法上撫養相關規定，致使福利服務或社會救助申請人資格無法符合標準，無法獲取相關津貼補助，無法得到及時性的困境救助。

## 一、儘速檢討研修相關福利法規，以落實家庭社會工作

　　由於核心家庭比例增加，小家庭化是台灣家庭型態之趨勢，過往連結家庭資源、提供家庭支持的血緣情感因素，在現今社會中漸形衰退，家庭支持性功能面臨新的挑戰。

1. 檢討研修「社會救助法」及調查辦法，落實實質扶助弱勢家庭的社會救助機制。
2. 落實「兒童福利法」及「少年福利法」，強化家庭養育功能。
3. 落實「家庭暴力防治法」及性「侵害防治法」，加強家庭人身安全保護及家庭犯罪防治。

## 二、整合公、私部門資源，以建構家庭福利服務輸送體系

1. 以教育單位為主，提供整合性親職教育及建構學習型家庭。
2. 開放學校資源提供社區居民使用。
3. 各縣市少輔會體系及功能應予法制化。
4. 增設社區內青少年正當休閒場所及辦理相關活動，健全網路咖啡場所管理機制。
5. 建構社區化家庭福利服務網絡。
6. 推動家庭功能評估，提供危機家庭外展服務。
7. 加強家庭及性侵害防治工作。
8. 增加替代性兒童及少年機構。
9. 提供家庭喘息及諮商服務。
10. 擴大推行學校社工制度，連結家庭、學校與社區。
11. 強化家庭教育中心及學校輔導室對家庭輔導功能。

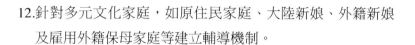
12.針對多元文化家庭，如原住民家庭、大陸新娘、外籍新娘及雇用外籍保母家庭等建立輔導機制。

### 三、強化家庭福利服務專業人員員額與專業知能，以提升服務品質

專業人力的素質攸關服務提供之深度與廣度，對服務品質好壞影響甚巨。廣義而言，家庭福利服務專業人員應包括社政、衛生、教育、警政、司法等會涉入家庭議題之專業人員；換言之，協助建構完整的家庭功能，是一項跨專業、跨組織的工作，任一環節功能不彰，均會影響到整體家庭福利服務輸送體系之建構工程，因此，需要透過教育與訓練提升專業人員的人力素質，以形成一致的目標與共識，並建立合作默契。

1.各地方政府應增加社會工作人力編制，以強化家庭服務機能。
2.增加村里幹事社會工作專業知能訓練，以協助推動社區家庭工作。
3.加強相關行政人員社會福利法規知能訓練，以提升服務品質。
4.結合民間組織資源，提供訓練，以增加家庭服務專業人力資源。

### 四、設立家庭暴力防治中心

以性侵害及家庭暴力防治工作為例，依規定各級地方政府應設立家庭暴力防治中心，並結合警政、教育、衛生、社政、戶政、司

法等相關單位，以保護被害人之權益。但在實務工作執行面，相關
專業人力的充實，教育訓練朝向具備周延性與系統性之具有實質意
義的工作訓練。以避免在人力不足的情況下，光是執行救援工作便
幾乎無法負荷，遑論家庭暴力之初級預防工作，如宣導與預防等保
護性工作以及包括目睹暴力兒童、子女會面交往等三級預防工作，
更是無充裕人力可執行，造成法入家門破壞了家庭界限之後，卻無
力進行家庭重建，造成案主更大的傷害。

### 五、輔導設置社區家庭福利資源中心

地方政府宜結合現有社區家庭服務資源，協調設置「社區家庭
福利資源中心」，建構社區化家庭福利服務網絡。

### 六、落實家庭社會工作的專業治療

審視晚近我國社會、經濟、人口結構變遷，家庭受到的影響至
為深遠，藉專業治療解決家庭問題日趨重要。

### (一)夫妻聯合治療

由夫妻倆共同求見一到兩位的治療工作者，治療者去發掘夫妻
間互動體系的阻塞問題，予以排除或疏通。此種病態原因是夫妻間
互動體系的失調，只要鼓勵他們說出內心感受或經驗，問題便可解
決。其目標為改變夫婦倆對自己與對方的認識，改變表達思想的方
式，進而改善夫妻間的關係與行為。夫妻聯合治療強調：將自己的
感覺表達清楚，對他人人格予以尊重，相互為對方留下餘地，相互
接受彼此間的差異；從自我中心轉變為以他人為中心，從依賴轉變

成獨立,從反抗轉變成合作。

### (二)家庭聯合治療

由一整個家庭與一個治療師一起會談,進而改變此家庭的適應能力與生活方式。方式為評估家庭中特定成員的行為及其困擾因素;促進家庭中各成員間的交互反應之關係;促進家庭中每一分子所扮演的角色與功能;解決家庭中當前交互反應的關係上的難題;促進家庭發展功能以適應現代生活。運用建立彼此間親切的關係與發展團體的過程,促進成員的互動關係,使成員均能坦誠表白而增強其正面關係。協助家庭尋找新的整合生活方式,以增強其正面行為,就是增加全家人彼此適應的功能。

 結語

家庭社會工作強調:(1)協助家庭或成員瞭解個別成員間及家庭與社會間有其相互依存關係;(2)透過與家族之討論,幫助其瞭解各角色、功能之範圍與界限,期使整個系統靈活配合,充分反應整體與個體之需求;(3)促使家庭學習有效溝通、互動,建立合作與開放的關係;(4)協助其建立良好社會化規範,以強化其教育功能;(5)充分運用社會資源提供困難家庭生存所需之支持,以幫助家庭維繫正常運作功能。

家庭福利服務輸送體系的建構,應包括支持性、補充性、保護性及替代性等四個層次的資源介入,目前投入家庭福利的資源,多以補充性和保護性為主,亦即多著眼二級及三級預防,在家庭問題出現後才介入,但又因為人力不足,導致第一線工作人員疲於奔

命；而且預防問題產生的支持性服務，沒有整體規劃，呈現零散現象，並未發揮預防效益，導致因家庭功能破壞所產生的少年中輟、家暴等問題愈趨嚴重，以致最後一道防線之替代性服務需求倍增，但是像少年安置機構與寄養家庭等資源嚴重不足，因而形成部分案主權益受損。一般家庭只有生活，缺乏學習機制，然而家庭生活本身就是學習材料。有些成員可以從家庭生活中獲得學習，如果要建立學習型家庭，只有個人的學習並不等同於家庭學習，因此要建立學習團隊的機制，以發揮學習分享的功能。

## 問題與討論

一、請說明家庭社會工作的主要內容。

二、請說明家庭社會工作的方法。

三、請說明家庭社會工作的理論。

四、請說明我國家庭政策的內涵。

五、請說明家庭社會工作的作為。

# Chapter 10

## 老人社會工作

前言

　　聯合國認為六十歲以上老人超過總人口10%；或六十五以上歲人口超過 7%，都屬於高齡社會。隨著人口再生產模式向「低出生率─低死亡率─低增長率」的轉移，適齡生育人口的生育觀念的變化，經濟發展帶來的社會保障、醫療條件、衛生條件、營養狀況和生活水準的提高，人口平均預期壽命的普遍延長等，近五十多年來，發達國家先後成為老年型國家，斯堪的納維亞半島上的北歐國家和一些西歐國家的人口老化現象更加嚴重。進入1980、1990年代，發展中國家也逐漸步入人口老齡化的歷程。隨著「銀髮浪潮」的洶湧而至，老年人的晚年生活保障、生活品質以及相伴產生的老年人服務，就愈來愈成為當今社會中一個重要的環節。

　　就台灣地區的人口結構而言，在1994年，就符合聯合國所公認的「老人國」，老年人口占總人口的7%以上，到2008年，全國老年人口數為二百三十五萬人，每五名就業人口就必須照顧一名老年人，負擔將相當沉重。台灣的高齡人口迅速增加，這不單是影響到「老人數量」的問題，還牽涉到「安養品質」的問題，其過程所伴隨而來的老人居住與生活照顧問題，對家庭已經造成極大的衝擊，政府必須有因應的策略和措施來調節。

 壹、老人社會工作意涵

　　老人社會工作就是因應老年問題而產生的一種專業服務活動。它是指受專業訓練的社會工作者在專業的價值理念的指導下，充分

運用社會工作的理論和方法，為在生活中遭受各種困難而暫時喪失社會功能的老人解決問題、擺脫困境，並同時推動更多的老人在晚年獲得進一步發展的專業服務活動。

人口老齡化是人類社會發展的自然規律，是當今世界面臨的重大社會問題之一。我國老年人口規模之大，老齡化速度之快，高齡人口之多，是世界人口發展史上所罕見的，必將給我國的經濟發展，特別是老年社會福利事業，帶來深遠的影響。在人口老齡化的過程中，解決老年人的養老問題是最基本、最迫切的任務，在新的歷史時期，我國的老年社會福利事業如何面對人口老齡化的挑戰，以建構足以符合老年人日益增長的福利服務需求，進而促進經濟與社會的協調發展，已經成為全社會關注的焦點問題。當老年人口成為依賴人口群時，其生活、安養、醫療、照護、育樂等的需求，自然成為社會的重大議題。

自人類發展的歷程觀察，比較專業的為老人服務的工作，最早可以追溯二十世紀初，當時英國頒布的「養老金法」、1935年美國歷史上著名的「社會安全法案」以及1940年代英國發布的「貝佛里奇報告書」等，都以法律的形式規定了老年人的權利和義務，以及規定了政府和社會應該承擔為老人服務的責任。不過，老人社會工作的蓬勃發展則是在第二次世界大戰以後。直至今日，老人社會工作的重要性，不僅體現在補救性和預防性的功能上，而且也愈來愈表現在諸如發掘老人的潛能、協助老人體現晚年人生價值、宣導老人互助等發展性的功能上。

老年社會工作的內容無非兩大方面，一是老年人困難的幫助；二是老年人發展需要的服務。前者主要包括經濟生活困難、日常生活照顧困難、機體健康方面的困難、家庭夫妻關係或代際關係處理困難等，各種困難的幫助和協助解決。在這個方面，社會工作者

幫助老人尋找資源、爭取權益，也可以透過個案輔導的方法來讓老人改善認知、糾正行為，更可以通過家庭治療和家庭服務來改善產生老年人問題的家庭環境。後者強調在幫助老人的過程中，社會工作者要透過與擁有不同資源的個人、團體、機構合作，才能為老年案主提供最完善的服務。資源包括有形的物質資源和無形的精神資源；資源又可以分為正式和非正式資源，前者是指從社會福利機構或其他正式機構處獲得的資源，後者是指從家人、朋友、同事、鄰居處獲得的資源。對一個專業社會工作者來說，為了給老人提供最好的服務，他必須對案主的資源網絡有一個詳盡的瞭解，把握相關的資源知識，同時明確各種資源之間的區別，取長補短，使之對老人服務發揮最大的作用。

##  貳、老人社會工作理論

在政治變革的聲浪中，老人福利向來都是最熱門的話題，這不僅是因為老人人口的增加所造成的人口結構的轉變，因此人們預期將引發一連串的社會連鎖效應；另一理由則是老年人有投票的權利，每逢選舉就使得老人的議題備受重視。在老人社會工作發展的歷史中，曾經產生或引用了許多有關的理論，茲就其中部分理論予以介紹。

### 一、活動理論

隨著醫藥科技的進步，人類的壽命大大延長了，老人自六十五歲到他的人生盡頭，往往還有長達二十至三十年的光景，若不將他

的能力做有效的運用，對整個國家社會而言是莫大的損失。有些人視退休後的老人為「撤退人口」（disengagement population），並認為他們的工作是多餘的。但是，活動理論針對社會撤離理論所提出的老年人，因活動能力下降和生活中角色的喪失而願意自動地脫離社會的觀點認為，(1)活動水準高的老年人比活動水準低的老年人，更容易感到生活滿意，更能夠適應社會；(2)老年人應該儘可能長久地保持中年人的生活方式以否定老年的存在，用新的角色來取代因喪偶或退休而失去的角色，從而把自身與社會的距離縮小到最低限度。活動理論對老年社會工作的意義在於，無論從醫學和生物學的角度，還是從日常生活觀察表明，「用進廢退」基本上是生物界的一個規律，因此，社會工作者不僅要在態度和價值取向上，鼓勵老年人積極參與他們力所能及的一切社會活動，而且更需要為老年人的社會參與提供更多的機會和條件。專家評估表示，老年人仍然需要工作，主要理由包括經濟需求、自我實現、排遣寂寞、人際接觸、心理補償、老化延緩、自尊維護、精神寄託等。所以社會應把老人也當作一份社會資源，不要因其漸老，就將之放棄或摒棄，而應積極地將老人組織起來，使此一資源得以投向生產。例如有文教專長的老人，可輔導其進入民間機構從事社會工作或文宣策劃；住在社區中的老人，可向工廠包攬工作；另外，也可以為老人舉辦職業訓練或成立老人人才中心，讓老人能尋求機會以充分發展潛能，過著具有生命尊嚴及彩霞滿天的晚年生活。

## 二、社會損害理論

　　就我國傳統社會而言，在所有制約個人行為和調適的制度中，以家庭最為重要，而家庭對於老年人尤其重要，因為老年人在桑

榆之年，對其他團體的參與日趨減少。在社會與經濟資源稀少或
缺乏的情況下，若再加上退休和喪偶所造成的「無角色的角色」
（rolelessness）時，必須依靠子女以獲得經濟支持或情感慰藉。社
會損害理論著重討論的是，有時老年人一些正常的情緒反應會被他
人視為病兆而做出過分的反應，從而對老人的自我認知帶來損害。
例如，因患老年病而健康受損的老人，詢問子女自己是否應該搬過
去與其同住。這種詢問就很可能被子女視為老人無能力做出任何決
定的表現，從此凡事處處為老人做決定。這種關心久而久之就會對
老人產生一種消極暗示，讓老人覺得自己的確缺乏能力，而把一切
決定權都交給子女。也就是說，接受消極標誌的老人隨後會進入消
極和依賴的狀況，喪失原先的獨立自主能力，從而對老年人的身心
帶來損害。這一理論對老人社會工作者具有深刻的啟示意義，它至
少告訴我們，有些所謂的老人問題大都是被標定的結果，也是老年
人自己受消極暗示所產生的連鎖反應，因此，在幫助老年人的過程
中，不僅要確實地幫助老人解決實際問題，同時也需要協助老人增
強信心和提升能力。

## 三、社會化理論

所謂社會化指的是個人在家庭、同儕團體及其他社會團體中，
接受文化規範，內化至個人心靈，形成人格特徵的過程，以便扮演
成人的角色，適應社會的需要。社會化過程是終生的，從嬰兒到老
年時期，持續不絕。社會化之目的，是主觀價值的賦予，是將個人
從無知的動物狀態轉變成理智人的狀態。許多傳統的理論認為，人
進入了老年期應該以享受為生活目標，而不再需要社會化了，傳統
社會的老年人具有社會尊崇的教化地位，他只對別人施行教化，而

自己則絕不會重新面對社會化的問題。然而，現代社會發展證明，老年人仍然需要繼續社會化，主要的理由之一在於角色的轉換，這種轉換及影響表現為：(1)勞動角色轉換為供養角色，這容易使老年人產生經濟危機感；(2)決策角色轉換為平民角色，在家庭中，由家長角色轉換為被動接受照顧的角色；(3)工具角色轉換為感情角色。工具角色是指人們肩負著一定的社會公職，在社會政治、經濟、文化各領域占據著主體地位，他們所扮演的角色是為了某種特殊的目的，如職業上的角色。情感角色是為滿足身心情感的角色，比如在家庭中父母、子女間的角色。這樣的角色轉換使老年人常常碰到性別角色模糊問題，以及伴隨而產生的老年夫妻之間的衝突。(4)父母角色轉換為祖父母角色。除了角色轉換外，老年人還將遭遇多重「突然失去」的威脅，如子女情感支持的突然失去（子女成家分居，老年人進入「空巢家庭」）、健全身體的突然失去（疾病並可能面臨肢殘或死亡）、配偶的突然失去（喪偶並帶來心理健康上的問題）。所有這一切對老年人而言都是將要面臨的新問題，都需要通過繼續社會化、加強學習、提高修養和不斷自我調整來予以解決。

### 四、社會重建理論

社會重建理論就是意在改變老年人生存的客觀環境以幫助老年人重建自信心。社會重建主義是「危機哲學」，也是「希望哲學」，它緣起於1930年代經濟危機之中，提出烏托邦式的改革想像，賦予人類對教育無窮的希望。在不同的時期，社會重建主義者的理念，經過後世學者再概念化後，以不同的面貌出現，持續發揮影響力，帶出改革的希望。社會重建理論的基本模式是：第一階

段：讓老人瞭解到社會上現存的對老年人之偏見及錯誤觀念。第二階段：改善老年人的客觀環境，透過提倡政府資助的服務來解決老年人的住宅、醫療、貧困等問題。第三階段：鼓勵老人自我計劃、自我決定，增強老人自我解決問題的能力。

 **參、老人社會工作方法**

### 一、老人個案工作

老人個案工作就是指社會工作者在專業的價值觀指導下，運用專業的知識和技巧為老年人及其家庭，提供物質或情感方面的幫助和支持，以使當事人減低壓力、解決問題和達到良好的福利狀態的服務活動。

由此可以發現老年個案工作的一些基本性質：

1. 老人個案工作的提供者是受過一定專業訓練的人員，他們運用社會工作的價值理念、方法和技巧，為老年人提供支援和服務，因此，它有別於一般的社會公益活動和志願服務。
2. 老人個案工作的服務對象是需要幫助的老年人及其家庭。
3. 老人個案工作的終極目標是增進老年人與社會的福利，最終實現「助人自助」。
4. 老人個案工作實現助人自助終極目標時，面臨著更大的挑戰。

因為社會、家庭和老年人自身對老年的認識都存著偏差的刻板印象，認為老年是退出社會的代名詞，因此在觀念上往往視老年人

為家庭和社區的負擔，對老年人的作用視而不見，卻片面誇大其身體上的劣勢。就老年人而言，他們退出工作崗位之後，與社會的聯繫逐漸減少，同時某些能力亦不可避免地隨著年齡的增長而降低，從而導致一部分老年人認為自己只能消極被動地適應社會，甚至抱著步入死亡的心態來打發時光。因此，老年個案工作的一個重要功能，就是要澄清這一認知上的誤解，改變社會與家庭對老年人的看法，同時，在協助老年當事人工作的過程中，使老年人感受到他們仍然可以改變自己和改變周圍的環境，並非只是無所作為的一群人。

老年個案工作介入的內容包括：

1. 協助老年案主認識及接受老年。
2. 幫助老年案主重新整合過去生活的意義，從而使老年人產生人生完美的、積極的、正面的感受。
3. 改善老人與家人的關係和相處問題。
4. 支持老人積極參與社區活動，使其晚年生活更加充實。
5. 為老年人組織與爭取權益，以及尋找各種社會資源。
6. 幫助老年人建立科學、健康的晚年生活方式和心理準備，積極地應對人生晚年期各種生活事件（如：喪偶、重病等）。
7. 輔導老年人正確認識死亡及接受死亡的來臨，而減少憤怒及恐懼的負面情緒。

老年個案工作會談是指工作員與老年案主相互接受有特定目的的一種專業性談話。在這個過程中，雙方交換觀念、表達態度、分享情感、交流經驗，老年案主向工作員坦露心聲，工作員向老年案主表達願意協助的態度，並藉此收集有用資料，同時向案主傳遞一種新的觀念、希望、支持、信心，以提升老年案主的能力。在會談

中需要運用如下一些技巧：

(一)專注

　　專注是工作員對老年案主的語言、情緒、心理的高度關注。這種專注既有非語言的肢體專注表達，如工作員要面向案主，面部表情要鬆弛，手勢要自然，眼神親切，身體適當向前傾向案主等；也有非語言的心理專注表達，如注意傾聽案主的說話，觀察案主的手勢、神態、身體動作及語氣語調，揣摩案主的心理以及體會案主話語的言外之意。

(二)真誠

　　工作員的真誠有助於與案主的專業關係的建立。真誠地表示願意協助的態度，以真正的自我對待案主，不用專業的臉色或權勢嚇人，可以有效地降低案主的自我防衛。

(三)同理心

　　這是指工作員對老年案主的一種感同身受和投入理解。同理心有高低層次之分。低層次的同理心僅僅表明工作員只是進入了案主的淺層的內心世界，並把對案主的感覺與理解做了一定的表達。而高層次的同理心則是在良好的專業關係的基礎上，工作員嘗試運用專業的力量去影響案主，引導案主從更客觀的角度看待自己的問題，同時能夠明察出潛在的、隱含的或透露不足的部分，並對此進行有效的溝通。

　　至於輔導上則著重於：

　　1.懷舊，它是指讓老人回顧過往生活中最重要、最難忘的時

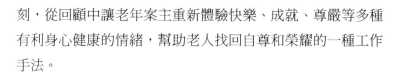

刻，從回顧中讓老年案主重新體驗快樂、成就、尊嚴等多種有利身心健康的情緒，幫助老人找回自尊和榮耀的一種工作手法。

2.生命回顧，它是指透過生動地緬懷過去一生成功或失敗的經歷，讓老人重建完整的自我的一種工作手法。生命回顧和懷舊不同的是，前者是對整個人生的回顧，而不只是回顧生命中最重要的事件和時刻。這種技巧的目的是經由老年案主的內省來重新體悟人生的價值和意義。

3.建立相互信任的工作關係。

4.鼓勵老年案主訴說往事，初期可集中於較為愉快的人生經歷，然後才慢慢過渡到較為消沉的往事。

5.側重聆聽老年案主在訴說經歷時的感受，尤其注意他們喜怒哀樂的情緒，對那些被抑壓的感受應該幫助他們抒發出來。.

6.對有子女的老年案主，他們作為父母的經歷及感受需要表達出來，以協助個案的診斷和治療。

7.對於有喪偶的經歷，加上因病或意外而導致傷殘的老年案主，工作員要協助他們把痛苦的感覺宣洩出來，尤其是配偶對案主生命的意義。

8.當懷舊情緒抒發後，工作員可以採用「世事無常」的技巧，協助老年案主從過往生活重回現實中。

9.生命回顧是協助老年案主中肯地評價自己一生的經歷，而不是讓其過分自責。如果遇到這種情形，工作員應幫助案主分析導致自己失敗的外在因素，以避免案主把所有責任擔在自己的身上。

## 二、老人團體工作

許多老年人在退休後都會產生出一些新的需要，如受教育的需要、人際交往的需要、參加志工團體服務於他人的需要、科學地充實閒暇生活的需要等，老人社會工作可以經由團體工作的方法、大型社區活動的方法以及志願者活動的方法等，為老年人各種發展需要的滿足提供適切的服務。老人團體工作是指在社會工作者的協助和指導下，利用老年組員之間的互動和小組凝聚力，幫助老年組員學習他人的經驗，改變自己的行為，正確面對困難，恢復自己的社會功能和促進自己成長的專業服務活動。適合老年人開展的團體工作主要有以下幾種類型：社交聯誼、終身教育、治療照護、公益服務、休閒康樂，這些老人團體工作的成立都有各自不同的目的、工作重點、溝通方式以及運作模式。

由於老年人的年齡以及生理、心理特點明顯不同於青少年。因此，老年團體工作的活動設計以及技巧運用必須注意以下幾點：

1.少批判多接納的態度。

2.相信老年人能夠改變。

3.活動正式開始之前，工作員應該充分暸解參加的老年人的需要、期望及興趣，在充分溝通的前提下，事先與老人建立初步的良好關係。

4.每次聚會，工作員要預先準備好活動內容和所需物資，並用示範的方式具體引導參與。

5.每次聚會結束前，工作員要多用啟發的方式協助老年人把參與活動的感受表述出來，並把這些體會與宗旨聯結起來，加速老年人對活動的認同。

6.工作員對老年人要多用稱讚的技巧，以鼓勵他們的自信心和參與的積極性。

7.活動切忌選用過於複雜和抽象的遊戲或程序，以免對老年人造成負面效果。

8.工作員要妥適地處理好最後結束老人臨別的情緒問題，否則老年人會產生一種被遺棄的感覺。

一個好的處理方式是，讓老年組員在較早的階段就知道結束的一天終將來臨，然後，把最後一次活動安排成一次有意義的結束聚會，如茶會、旅行等，讓全體老年組員共享活動的成長。當然，工作員也可鼓勵老年參與團體以外的活動，使他們能夠從其他資源來滿足需要。

## 三、老年社區工作

老年社區工作就是指社會工作者運用各種工作方法，改善老人與社區的關係，提高老人的自助互助能力，促進老人的社區參與，經由老人的集體參與去改善他們的生活品質的一種服務活動和服務過程。根據社區工作的定義和發展經歷，可以知道社區居民參與社區事務和社區民主建設是社區工作的核心，除了強調提升老年人的民主意識、民主權利和參與社區公共事務機會之外，還要積極組織老人自助和互助，積極開展各種為老人服務和老人文化娛樂活動，以提高老年人晚年生活品質。具體而言，老人的民主參與、能力建設、社區服務、社區康樂、社區教育、社區照顧等，應該都是開展老年社區工作的重要內容，亦即老年社區照顧和老年社區服務的有關內容。

　　老年社區服務就是指政府或非政府團體通過社區組織和社區所在的福利機構，為解決社區老人的實際困難與滿足各類需求，而有針對性地提供設施與服務的福利性項目的活動。老年社區照顧的概念：一是使老年人不脫離他所生活和熟悉的社區，在本社區內接受服務；二是動員社區資源，運用社會人際關係資源開展服務。在社區服務是經由以下措施實現的：

## (一)社區活動中心

　　這是具有綜合性功能的社區服務機構。它按照社區居民的一定數量規模設置，為老年人提供的服務，主要包括為本社區內居住的老人提供一個娛樂、社交的場所，那些行走不便的老人則由中心定期用車接送到中心參加活動。

## (二)家庭照顧

　　這是為使老人留在社區、留在家庭而採取的一種措施。即對在家居住、接受親屬照顧的這些人，政府發給與住院舍同樣的津貼。

## (三)暫托處

　　暫托處是為解決家庭成員因長年累月護理被照顧者，使身心交瘁、不堪重負這一問題，而設置的一種短期護理服務機構。

## (四)居家服務

　　這是對居住在自己家裡、尚有部分生活能力但又不能完全自理的老人提供的一種服務，項目包括上門送餐或做飯、洗衣、洗澡、理髮、做清潔衛生、購物、陪同上醫院等。目的是使那些年老體弱、行動不便、家中無人照顧的老人能繼續生活在自己家裡，生活

在自己熟悉的社區環境中。

## (五)老人公寓

這是政府為社區內有生活自理能力但身邊無人照顧的老年人夫婦或單身老人提供的一種服務設施。

## (六)安養院

這是集中收養生活不能自理、無家庭照顧的老年人的院舍。不過現在的安養院也不再是早期那種大型集中的院舍，而是分散在社區中的小型院舍，這樣可以使住院老人不離開他們熟悉的生活環境。

 **肆、老人長期照護議題**

隨著老人人口的快速成長，慢性病與功能障礙的盛行率呈現急遽上升趨勢；而這些功能障礙者或缺乏自我照顧能力者，除健康與醫療服務外，也需要廣泛的長期照顧服務。為滿足日漸增多的老人人口對於健康醫療與長期照顧的需求，已發展國家無不積極推動長期照顧服務。依據統計，台閩地區2006年全人口當中具有ADL及IADL失能者人數合計達五十五萬餘人，預估2016年將達七十二萬餘人，總人數較2006年成長近30%，顯示長期照顧需求問題不容小覷（行政院，2007）。由於醫療衛生科技進步，近五十年來，除國民平均壽命大幅提升外，十大死亡原因，也由四十年前的「急性傳染病」轉變為「惡性腫瘤、腦血管病變、糖尿病」等慢性疾病。至於人口結構的改變，有快速朝向「人口高齡化」的趨勢。因此整個

社會的醫療需求，將由往常以治療取向的服務，逐步邁入以照護為取向的發展方向。職是之故，未來在預防保健體系、疾病照護體系及後續照護體系等工作，將成為醫療福利的重心。

## 一、長期照護的政策

為因應高齡化社會的來臨，長期照護規劃主要反應在社會行政體系方面，人口老化政策係以1980年公布實施的「老人福利法」為起點，其後陸續公布「社會福利政策綱領」（1994）、「加強老人安養服務方案」（1998-2007）、「照顧服務福利及產業發展方案」（2002-2007）等重大政策，並修訂「老人福利法」（1997、2007）及「社會福利政策綱領」（2004）等；而衛政體系亦陸續執行「建立醫療網第三期計劃」（1997）、「老人長期照護三年計劃」（1998）及「醫療網第四期計劃」（新世紀健康照護計劃）（2001-2005），顯示政府部門對人口老化所衍生的健康及長期照顧問題之重視。然而，對照先進工業國家因應人口老化的政策，我國現有的政策卻顯得零散及片段，未能有周延且整合之制度規劃，以因應人口老化之急迫需求。回顧我國長期照顧的既有政策與方案，共提出六項檢討：(1)行政體系的分歧；(2)偏重機構照顧，忽略居家支持的設施發展策略；(3) 現行法制無法提供居家支持服務的設施發展誘因；(4)人力發展策略不足；(5)全民健保給付和醫療網規劃偏離理想長期照護目標；(6)缺乏完善財務支持機制（行政院，2007）。

## 二、長期照護規劃

以目前全世界提供長期照護服務的國家來說，大致上可以分成三種類型，一是採取稅收制的長期照護服務模式，例如英國、瑞典、奧地利；第二種是採取公共長期照護保險的服務模式，例如德國（1995年實施）、日本（2000年實施）；至於第三種則是採取私人長期照護保險的服務模式，例如美國。以台灣的狀況而言，隨著高齡化、少子化、女性勞動參與率提高，家庭的照護人力與照護功能不斷萎縮，因此政府的積極介入就成為現在與未來必然的發展趨勢。而因為台灣的稅收占國內生產毛額（GDP）的比率，較諸先進國家明顯偏低（且在民主體制下加稅不易），且目前台灣主要的社會福利保障制度都是以社會保險制度為主（例如：勞保、公教保、軍保、健保，以及國民年金保險等），因此如果長期照護制度也是採取社會保險服務模式的話，將較有利於未來不同社會保險制度的相容與整合，以建立整合性的社會福利保障制度。爰此，未來長期照護社會保險的規劃重點至少應包括：

### (一)普及化

以全民為服務對象，不局限於低所得家戶，以因應老化所致日常生活活動需要協助之失能者為對象。

### (二)連續性照顧

發展多元服務之長期照顧，優先發展居家和社區式服務，並整合保健醫療與社會照顧。

### (三)鼓勵自立

發展復健服務及居家環境改善服務，以支持失能者自立。在政府積極建構老人福利制度的基礎上，加強社區自身照護體系，使老人獲得親屬、鄰居與朋友的守望相助而在家安養，是有必要的非正式體系。

### (四)支持家庭照顧責任

雖然在家庭照護可提供老人傳統與親情的照護，但因家庭照護者長期獨撐照護責任，承受相當大的壓力，因此透過照顧服務及喘息服務方案，支持家庭照顧持續照顧能量，並增進照顧者之生活品質。

### (五)階梯式補助原則

在金錢方面，則可能因為需要照護病人而停止工作，還增加了醫藥等費用，是以依照顧需求者家戶經濟能力及失能程度，提供不同額度的補助。

### (六)地方化

為促使失能者在社區內可獲得所有必要之服務，服務資源開發以縣市為中心的策略。縣市政府之社政、衛政間應協同合作，透過整合計劃之共同研議、預算統籌運用之做法，推動長期照顧。

### (七)夥伴關係

夥伴關係的內涵包括：(1)中央與地方政府；(2)政府與民間單位；(3)政府部門之間；(4)政府、市場、家庭間的夥伴關係。

### 三、長期照護的目標

隨著社會文明的進步，如何追求有尊嚴的老年生涯，以及展現老人的存在價值，已是社會大眾的共同認識，長期照護的目標為「建構完整的長期照顧體系，保障身心功能障礙者能獲得適切的服務，增進獨立生活能力，提升生活品質，以維持尊嚴與自主」。為求總目標的達成，政府應盡速建立穩健長期照顧財務制度，並建構一個符合多元化、社區化（普及化）、優質化、可負擔及兼顧性別、城鄉、族群、文化、職業、經濟、健康條件差異之老人長期照顧政策。以全人照顧、在地老化、多元連續服務為長期照顧服務原則，加強照顧服務的發展與普及。期待穩健長期的照護功能，以建構完善的長期照護體系，朝著大同世界所揭示「老有所終、鰥寡孤獨廢疾者皆有所養」的理想目標邁進，圓滿因應即將到來的高齡社會。

## 結語

人口高齡化是近代社會的一種現象，也是先進國家所面臨的人口問題。我國憲法第一五五條規定：「人民之老弱殘廢、無力生活及受非常災害者，國家應予以適當的扶助與救濟。」以往的農業社會平均壽命不高，人們常未達到老年階段即已死亡，故而無所謂老人問題產生。而今日的工業社會，由於經濟發展，導致生產規模、生活方式、家庭組織、生存機會的改變，尤其在醫藥衛生與保健方面的進步與發展，不但使死亡率降低，也使平均壽命延長，而出生率的降低，使兒童等低年齡層的人口占全人口的比率逐漸下

降，使老人在全人口的比例中相對提高，造成人口結構急速老化的現象。由此可見，包括改善老人安養機構在內的老人福利制度，有必要及早建立，以免未來「人口老化」現象衍生出社會問題。隨著老化趨勢，自然應將現有的體制與政策進一步充實，否則不但未來老人安養會出問題，青壯人口的負擔也會更加沉重。長期來看，如何妥善照顧老人，確實是一個應當未雨綢繆的課題。

## 問題與討論

一、請說明老人社會工作意涵。

二、請說明老人社會工作理論的內涵。

三、請說明老人社會工作的方法。

四、請說明未來長期照護保險的規劃重點的內涵。

# Chapter II

## 醫務社會工作

前言

　　「社會」，在這複雜的大環境，每分每秒都醞釀出許多新的問題，如人與人、人與家庭、人與環境、人與社會等，反覆地循環。這些糾葛有的能夠靠當事人的力量解決，但也有些必須仰賴外力輔助以達平衡。遵循以上的管道，即是社會工作因應而生的鵠的了。

　　「醫務社會工作」是其中的一個環節，它包括社會工作者及醫療工作小組協調合作部分。當個案（患者）在醫療照護上產生了心理、家庭、經濟與社會角色適應危機時，可藉由醫療人員的轉介角色，讓個案有尋求外力協助的途徑，以達個案於生理、心理、社會三方面的健康，並發揮角色扮演的功能。

 壹、醫務社會工作的主要內涵

一、主要內涵

　　英國學者貝特（H. A. Bate）對醫療社會工作所下的定義是：「醫務社會工作是某一個人用個案工作的方法，來協助正陷於失去控制、傷殘、精神崩潰，或生理失調的另一個人。為其解決困難，調整其個人與他人間，或個人與社會間的關係，將個案工作運用在與醫藥有關的場合。」（徐震，2004）

　　《美國社會工作年鑑》（*Yearbook of the United States Social Work*）謂：「醫務社會工作是社會工作應用在醫藥衛生機構內之有關公共衛生及治療事項。」

史全得摩與柴克萊的定義是：「醫務社會工作是綜合住院、病務照顧、護理、訓練學生等，而衍生的一種對病人的新服務。」

　　學者姚卓英在《醫務社會工作》一書中的定義為 ：「醫務社會工作是社會工作的一環，其目的在協助病人解決其與疾病相關聯的社會、經濟、家庭、職業、心理等問題，以提高醫療效果，不但能使疾病早日痊癒，同時還要協助其預防疾病的蔓延和復發，使其能自力更生，重新適應於社會。 」

　　綜合上述， 吾人以為醫務社會工作，是將社會工作實施在醫療衛生保健中，將其專業知識、技巧、態度和倫理價值，應用在醫療及保健上，而且較強調社會功能與人之間的關係失調所造成的一些問題、疾病，進而針對這些問題，提供專業的服務。易言之，醫務社會工作是積極的扶助病人發展潛力，使其自力更生，而非消極的救濟。重視社會因素對個人的影響，充分運用社會資源與社會工作的所有看法， 服務對象包括醫院、疾病預防（各級衛生行政部門及疾病的善後機構）、殘障復健，和各種醫療教育機構。

## 二、工作的類別

　　依據醫療衛生保健機構的特性之不同，醫務社會工作可分為：

### (一)醫務社會工作

　　醫務社會工作（medical social work）是指醫院的社會工作實施，有的人稱它為醫院社會服務（hospital social service）或臨床社會工作（clinical social work），社會工作者服務的主題是解決病人及其家屬有關經濟的、社會的情緒困難。

## (二)公共衛生社會工作

公共衛生社會工作（public health social work）是一種科學和藝術，用來促使大眾預防疾病的侵害，增進生命的延長以及身心健康的發展。經由有組織的社會大眾力量，依據正確的醫學知識，有計劃的推行措施，以達到消除妨礙大眾健康的一切事物，並建立促進大眾健康的生活環境。

## (三)心理衛生工作

心理衛生工作（mental health social work）又稱為精神病理社會工作或是精神病理個案工作，是指精神病防治及心理衛生機構的社會工作專業服務，早期以兒童心理輔導診所和精神病醫院的個案工作實施為主。

## 三、人員的專業職責

醫務社會工作注重實施與服務，是社會工作的專業範圍，且它是扮演多重角色的。卡恩（Elsbeth Kahn）的看法是，醫務社會工作者扮演了多重角色，包括社會計劃者、健康提倡者、臨床工作者、社會組織者以及專業研究者。

醫療的目的，在防治疾病、挽救生命、增進健康，力謀人類的福祉；而社會工作的目的，在直接服務人群，滿足人們的需求，增進人類的福祉，兩者可謂殊途而同歸，而在醫療的領域中實施社會工作，使兩者相互整合，必定能相輔相成、相得益彰，達成醫務社會服務的目標：(1)協助病人及其家人解決因病況所引起的社會及情緒問題；(2)確保病人能充分利用社區內的醫療及復康服務；(3)

促進病者整體（生理、心理及社交）康復，以使病者能早日重返社會；(4)為社區、病者及其家人的健康而努力。

醫務社會工作人員的專業職責有：

1.有關各種疾病與心理及社會研究。

2.負責各科所轉來的個案，迅速予以口頭或書面答覆。

3.主動觀察、發現病人問題。

4.參加回診：醫生在回診時，社會工作員提供病人的家庭背景資料，向醫生報告處理的情形。

5.與各科人員協調、聯繫。

6.出席相關的會議。

7.閱讀病歷，瞭解醫師、護士在治療過程中可能產生的問題。

8.提供醫生醫學研究的資料。

至於其工作情境：

1.在病房內的醫務社會工作：

　(1)在醫藥治療開始前，至各病房，先做實際的瞭解與觀察，協助病人所面臨的經濟和情緒心理方面的問題。

　(2)視病人的需要，與各科醫療人員協調、聯繫。

　(3)若遇複雜的個案，應單獨或和家屬會談。

　(4)閱讀病歷。

　(5)依病患的年齡與心態做彈性服務。

　(6)幫助病人增進信心、紓解緊張。

2.在門診部的醫務社會工作：

　(1)為特別門診安排時間或寄發通知。

　(2)按實際需要，對病人解說有關事項以消除緊張。

(3)促進醫院與各社會福利機構及家屬間的聯繫。

(4)隨時與病屬及行政部門保持聯繫合作。

(5)負責隨時宣導醫院的功能。

3.醫院行政方面的社會工作：

(1)對人事上管理、協助招募新進人員訓練。

(2)協助醫院達到管理的目標及出席相關的會議。

3.家庭醫療社會工作：

(1)協助長期慢性病人、老年人讓出床位給急診病人，以減輕
經濟及國家的負擔，從事追蹤治療。

(2)與社區健康部或公共衛生部合作。

(3)視需要在政府的社會福利單位尋求社會資源。

(4)促進家屬對出院病人的接納，避免擾亂家屬生活及精神上
的秩序及長期壓力。

當今一般人對於疾病的觀念，已由狹義的生理層面，擴展到
廣義的心理及社會層面，因此，醫療的疾病，不僅是醫學生物體一
面，還要包括家庭、社會環境及心理等功能的平衡。今日醫療機構
主要的功能，已不止於和醫學有關的治療方式，並且還要涉及促進
人體健康的整合性和綜合性的治療。因此，醫務社會工作在醫療過
程中的重要性就日益增加了。

##  貳、醫務社會工作的主要功能

### 一、目的

醫務社會工作是應人類的需要而產生的，因此必須與社會相結

合，提供社會服務並展望未來。我們是在實際的環境下維持最高水準，透過教育及工作來發揮個人的才能，以便承擔社會所需。將專業知識、技巧、態度和倫理價值，應用在醫療保健領域中，不但要手腦並用，還要具有同情心，盡心盡力的服務，對於疾病的預防、治療、康復和復健有關的經濟的、社會的、情緒的，以及家庭方面的問題提供專業性服務。

## 二、相互關係

病人經過醫護人員照顧和醫務社會工作人員溝通，經由他們的幫忙，使病人在除了疾病方面的問題外，也能獲得妥善照顧。

## 三、職責

協助病人解決其疾病，及與其疾病相關的社會、經濟、家庭、職業、心理等問題，以提高醫療效果，不但能使疾病早日痊癒，同時還能協助其預防疾病的復發和蔓延，注意身心之健康，且述及情緒之平衡，注意周圍環境與病人間相互關係之影響，而照顧則廣及病人、病人家屬及其他健康者。其最終目的在使全人類達到並維持最好健康，使其能自力更生，重新適應社會。

## 四、角色

角色乃個人在一個團體中之功能被期望的行為，是故角色有特定的行為模式，有共同人格屬性或行為特質，有某種社會地位和身分。必須去觀察並探究病人、個人或家庭引起疾病的潛在因素，並致力去改變這種不利的情況，而使其恢復健康。如果把醫院比方成

舞台，病人是主角，醫生、護士、營養師都只是配角，站在同一立場為病人服務，而院長是導演，社會大眾是觀眾，醫務社會工作者則是在幕後居中協調。

## 五、範圍

醫院中的各種社會角色，包括身為病人及直接、間接處理疾病相關的工作人員，如醫師、護士、醫工人員等。如今範圍已擴大不，只限於病人了，還包括健康的人從成胎到老死為止的一切增進健康、預防疾病、恢復健康、減輕痛苦及協助適應的活動。

## 六、功能

具有獨立性，依個案的不同而給予不同的照護。應用各種知識，給予病人完整的計劃和照護，並觀察病人身體、心理、社會三方面情況的需要，因此強調：

1.建立良好關係：在病人與醫師、醫院方面做最有效的溝通。
2.達成高水準醫療作用：醫護人員提供最好的治療與預防，醫工人員則給予除疾病以外的資訊，協助解決問題。
3.緩和病人焦慮。
4.促使病人與院方合作。
5.協助安撫病人及家屬心理。
6.協助病人復健、再教育、重入社會。
7.給予病人身體及心理上的支持。
8.協助完成治療。
9.提高治療效果。

10.宣導衛教。

11.培養互助合作精神。

## 七、重要性

在於防治疾病、挽救生命、增進健康，力謀人類的福利，直接服務人群，滿足人們需要，並增進福祉。因為不止和醫療的治療方式有關，還涉及了促進人體健康的整合性，故重要性日益增加。科技日新月異，工商業發展亦突飛猛進，人類生活邁向現代化，但意外傷害和慢性病卻反而增加，雖有很好的醫術、醫療設備，如果不同時考慮生理、心理和社會三方面，便無法做更精確的診療服務。

## 八、工作的展望

展望今後的努力方向，醫務社工的發展有下列幾點：

1.建立專業制度：所有工作人員必須經過專業訓練，經過考試及格，領得證照，才可任職。

2.加強專業教育：對於在職人員施行在職訓練，參加各種研究會。

3.組織健全化：必須有合理的編制，根據醫院規模大小、醫療工作範圍，及病人性質來訂定。

4.精神社會工作的強調。

5.推展公共衛生社會工作及預防性工作。

醫務社會工作是由案主向有關單位投訴，並提出問題癥結所在後，經由各專業的技術人員從各種角度方向去分析這個個案，再

擬定出一套適合案主針對此事所適用的計劃流程，而後各基層的專業技術員再從旁輔導協助個案去執行此項計劃，從而謀求問題的解決。

醫務社會工作即是案主在敘述其案由之後，由各專業人員建立一個專門的醫療團隊工作小組，隨後開始著手進行診斷以及治療服務的計劃。舉例來說：一個中風的病患在其治療後沒多久，便決定出院不再接受治療，此時醫療社會工作小組的成員便要先去瞭解，影響病人不接受治療的原因為何及癥結所在，並且和病人之間先建立一個專業的關係，而後從中去瞭解病人自身對於接受治療之意願是如何，其家屬又抱持著怎麼樣的態度，最後也可尋求外界團體的協助、支援，進而調節解決病人的問題。其首要的工作仍是要以案主的心理、身體所表現出的反應，當作第一優先處理工作。即在案主提出無法接受醫護治療後，第一個反應便是要先瞭解如病人無法接受醫療照護，其生理上會有何種反應或任何異常不良後遺症的產生，把其間的利害關係加以分析、研討後，將之評估給案主和重要關係人明瞭，並要隨時隨地注意病人的反應、病情的發展情況，才能達到最佳效應。

總而言之，醫務社會工作是解決案主周遭或身旁一些外在環境所給予的問題，包括家庭、社會各層面的，並謀求問題的解決，使得整個工作達到生理、心理、社會三方面的協調，面面俱到，以期能達到盡善盡美的境界。

論及醫療社會工作的功能，茲針對醫院、病人、社會國家三方面分述如下：

1.對醫院：(1)對醫院的貢獻；(2)為醫院開闢服務網絡；(3)疏通病人與醫護人員的隔閡，減少醫療糾紛；(4)提供病人家

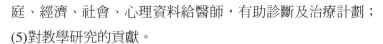

　　庭、經濟、社會、心理資料給醫師，有助診斷及治療計劃；
　　(5)對教學研究的貢獻。

2.對病人：(1)協助病人完成治療；(2)提高醫療效果；(3)得到
　　金錢物質方面的救助；(4)病人出院或轉院的輔導；(5)提供更
　　好的服務；(6)宣導衛生教育。

3.對社會國家：(1)領導善良社會風氣；(2)促進公共衛生及社會
　　福利；(3)提高病患一般生活水準；(4)培養人類互助合作的精
　　神；(5)便利社會工作教育及社會問題研究；(6)安定社會、消
　　弭亂源。

 **參、醫務社會工作的實務理論**

　　社會工作能將醫療服務「人性化」（humanize），因為社工能
讓醫生及護士多瞭解病人及家庭情況，充分發揮全人治療的目標。
瞭解病人家庭的需要，亦能協助他們接納病人，而使病人不須繼續
住院，減少占用病床的數目。

## 一、問題解決派的理論

　　醫務社工有機會接觸到很多有問題的家庭及嚴重的社會問題，
例如嚴重的虐兒、虐妻、虐老個案，嚴重的工業傷亡個案，以及
自殺、吸毒者等。醫務社工能充分發揮個案輔導及家庭治療功能、
政策研究及倡議的角色。問題解決派個案工作於1950年代由波爾
曼（Helen Perlman）所提出，問題解決派定義個案工作為：「一個
人為問題所困時，向特定地點尋求協助，社會工作者運用助人過

程，以增強個人解決問題的能力，並提供解決問題所需之支援。」
此定義標示出個案工作的四個重點，即4P：個人（person）、問題
（problem）、地點（place）和過程（process）。

1.個人：問題解決派視個人人格為一開放系統，不斷的接受外
　界刺激並做反應，同時修正原有的人格體系，所以個人是可
　以不斷改變和成長的。社工員必須對案主的個人系統加以評
　估，包括其生理功能、認知功能、行為功能、社會文化背景
　動機及環境等，以正確診斷現有問題與個人因素間的關係，
　並提供工作者著手協助的方向與途徑。
2.問題：案主及工作員界定計劃要解決及澄清的問題。
3.地點：運用個案方式協助人們的組織和機構。
4.過程：以建立專業關係為基礎，運用專業評估為診斷分析工
　具，採取正確的協助策略，最後評估協助的效果。

　　問題解決學派的學習是經過思考的過程學習到的經驗。就如學
習者發現一項問題之後，會進行如何處理的過程，同時提出問題的
解決策略或方式。問題解決主要在運用前述的原則及概念，使學習
者可以有效的學習。問題解決派以當前問題為中心，評估造成問題
的原因，協助案主增強改善其問題的動機，增強其利用資源的能力
與解決問題的能力。以當前問題解決的過程為重點，進而提升案主
能力和恢復自我功能。問題解決派認為人生本是一連串解決問題的
過程，每個人實際上都已具備解決問題的能力與慣用的模式。向機
構求助的案主，常是因慣用的問題解決模式無法有效處理問題。

　　進一步分析其原因主要有：(1)動機不足：被轉介的個案或許
因為情緒作用，如焦慮、恐懼、矛盾等，或對問題嚴重性認識不
清，否認或淡化問題，而缺乏解決問題的動機；(2)能力不足：或

許因為情緒影響，使其原有能力無法發揮，或因問題解決所需的認知、判斷、行為能力超過其原有能力而無法解決問題；(3)缺乏問題解決所需要的機會或資源。每個人掌握社會資源的能力不一樣，獲得社會支援的程度也不同，如果解決問題所需倚賴的資源非案主能力所及，就有可能造成社會問題。

醫務社會工作除了能為個別患病的病人解決情緒及生活安排的問題之外，社工還可以透過家人輔導、小組治療、教育活動、服務轉介及協調、互助組織、義工服務、調查研究及政策倡議等工作方法，為病人及其家人解決多方面的需要。對此，社會工作員可以從以下三個方面著手改善案主：(1)引導案主增強求變動機，舒緩在改變中易發生的焦慮與恐懼感，進而增進自我功能充分發揮來解決問題；(2)增強並調適案主的情緒、智力、行為，發揮解決問題所需要的感覺、知覺、理解、判斷及認知等自我功能；(3)尋求解決或減輕問題所需的資源或機會，協助案主獲得改變所需的環境條件。

## 二、行為修正派的理論

在目標上，社會工作人員扮演全人復康重要及不可或缺的一部分。為了推行以上目標，社會工作人員理應成為醫療隊伍的一部分，主動向病患及其家人提供輔導，協調醫院及社區復康或其他社會服務的配合、關注疾病所引 的心理及社會問題、鼓勵社會人員參與義工服務、推動社區健康教育等。

行為修正派的基本概念如下：

1.不以動機、需要、衝動、驅策力等來解釋行為。

2.強調環境、情境及社會等因素對行為的影響作用。

3.行為可以透過學習過程獲得改變。

4.矯正的重點放在已經習得或需要再學習的行為上。

5.所謂不正常行為的學習過程和正常行為的學習過程是相似的。

6.不正常行為的界定與社會規範有關。

　　醫務社會工作者已不再是單單處理病患就醫的經濟困境，而是從病患一入院的醫病關係、住院中的醫療照顧到病患出院後的安置計劃，都須妥善加以處遇。因此目前的醫務社會工作人員須同時具備良好的溝通協調能力、熟悉各項社福及衛生法規及社會資源的充分掌握等能力，才能妥善的完成個案處遇工作，行為修正派強調運用增強及消弱等方式，以達成行為的改善。行為修正派重視個人的內在衝突、需要、自我功能與環境間的交互影響；而行為學派則以學習理論為基礎，認為個人的行為是在外在環境的刺激和特約下形成和改變的，並強調透過學習過程改變行為。

1.選擇一個希望改變的目標行為。

2.對目標行為做記錄並畫出圖表。

3.建立目標以及改變行為的模範和結果。

4.評估圖表並根據需要再作改變。

### 三、危機調適理論

　　在面對疾病或意外傷亡的情況下，病患及其家人會感到不安、擔心、憤怒、沮喪、無助抑鬱等情緒障礙。社工人員適當的輔導及指引，能協助病人參與自己的康復及加速療程，縮短住院日期，早日復元離院。巴瑞爾及卡布藍（Paral & Caplan）認為，危機是一個突然的轉捩點，當逼進這個轉捩點時，緊張度驟然激增，從而刺

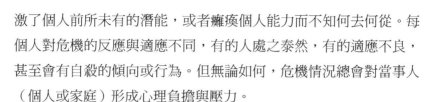

激了個人前所未有的潛能,或者癱瘓個人能力而不知何去何從。每個人對危機的反應與適應不同,有的人處之泰然,有的適應不良,甚至會有自殺的傾向或行為。但無論如何,危機情況總會對當事人(個人或家庭)形成心理負擔與壓力。

　　危機是在個人正常穩定情況下的一種心情沮喪,伴隨著一般應對處理能力的瓦解。這極端的沮喪,可藉由生理、心理、認知和合理的壓力和症狀顯現之。而危機的經驗可能是個人的,亦可能是個人與其他團體成員或家人共同的經驗。危機可界定為壓力生活的事件,所意識到的失落、失落的威脅或挑戰。危機是有時間性的,在歷經數星期或數月後,即可有可適應的或適應不良的解決方法。危機是由於危險或高度緊張的生活事件干擾了個人原有的穩定狀態,使人感到不安,而解決問題慣用的方法又一時難以應對和處理,所以,當事人必須發展新的方法或尋求協助才能解決問題。危機的經驗能使個人在人格發展上更健全、成熟,但它也能阻止或損毀個人的人格成長。

## (一)過程

　　危機是一種嚴重的情緒沮喪,常伴隨著困擾、焦慮、憂鬱、憤怒和社會功能失調和生理症狀。在危機期間,人會格外顯得無助及脆弱,危機的過程包括:

1. 衝擊階段:個人遭遇壓力帶來的身心極度不平衡,用他所熟悉的應變方法去處理和應對卻顯得極其無效,此時個體內心充滿震動、慌亂、惶恐和否認。

2. 退卻階段:個人感受到失落、生氣、羞恥與憤怒的不愉快情緒,繼而從日常生活中退卻,感到人生乏味無力應付,依賴性增加,並產生失眠、激動及疲乏等症狀。

3.適應階段：發掘新的適應能力來面對危機而達到平衡。

危機除了創傷後壓力失序外，其他負向的演變包括憂鬱、反社會人格失序、性官能障礙、恐慌症、妄想被迫行為、人際問題、社會失功能、犯罪行為及自殺。

## (二)種類

人生危機的種類包括：

1.發展性危機，包括嬰幼兒期：照顧和保護；青春期：角色認同對角色混淆；成人期：擇偶、工作；中年危機：空巢期、上下兩代的期待要求、青春不再、事業難突破；老年期：健康、經濟、多重失落。

2.意外性危機，包括人際關係的危機：夫妻、親子、婆媳翁婿、上司及同事之間的關係；環境的危機：失業、移民、戰爭、經濟不景氣；死亡的危機：早年喪父、中年喪偶、老年喪子。

3.病人可能面臨的危機，包括疾病或傷害引起的危機：例如獲知診斷的結果、病程惡化、脊椎傷害；住院引起的危機：家屬角色重分配、子女的安排、適應問題、退化、依賴、低自尊、焦慮與失落、醫藥費和生活費的壓力；處理過程所引起的危機：手術、輸血、化學治療及放射線治療的不適、肢體器官的切除、醫療的失敗，如器官移植後產生排斥等。

## (三)調適

危機並非病態，透過危機的處理，可以增強對事件掌控及因應的能力，減低心理沮喪的強度，在悲傷過後重新建構好心情。其對

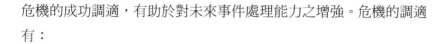

危機的成功調適，有助於對未來事件處理能力之增強。危機的調適
有：

1.前提：(1)任何人都可能發生危機；(2)危機期間個人特別容易
　受到外界影響。
2.原則：(1)有限的時間：短期內解決（四至六周）；(2)主動與
　直接：工作員採取主動直接指導的方式介入；(3)有限目標：
　設定短期可完成的目標。
3.步驟：(1)儘快建立信任的專業關係；(2)瞭解造成危機的因素
　或原因；(3)幫助案主認識問題；(4)與案主討論可行的方法；
　(5)鼓勵嘗試新的方法；(6)轉介轉案結案；(7)追蹤。

##  肆、自殺病患的醫務社會工作

　　尊重生命不僅是各宗教所遵奉的宗旨，也是人類共同的使命。
此種觀點的主張是當一個個體被賦予了生命，就應該讓他順著自然
的哲理活下去。自殺是人類表現出來的偏差行為，也是一種自我毀
滅的行為。各國每年的平均自殺死亡率約為每一萬人中有一人。臨
床上的自殺個案中以罹患憂鬱症者為最多，其次為患有精神分裂症
者。

　　由於自殺原因複雜，至今仍無法以任何一種理論完全解釋其變
化多端的現象。自殺者內心有無法忍受的苦悶情緒，其在意識上和
潛在意識裡充滿著仇恨、敵意、依賴、期望等混合的心理，在其社
會或文化結構裡，充滿各種不同的阻礙，因而常會激發自殺行為的
發生。

　　它是一種人類特有的自我毀滅行為。在遠古時代，如古希臘、羅馬時代是被視為一種犯罪，是要遭天譴、死後永不超生的大罪，甚至自殺身亡的遺體要置於十字路口焚毀，使其後代子孫永無抬頭的機會。此種觀點直到法國涂爾幹（E. Durkheim）於1897年發表著稱的《自殺論》（*Le Suicide*）一書，才有巨大的轉變，大家對「自殺行為」問題的焦點，才逐漸轉移到引起個人自殺的「社會環境」上加以探討，並且認為自殺行為是和個體的精神狀態（焦慮、憂鬱、精神失常等情緒不穩程度）及社會文化的環境有關。

　　對於自殺的觀點，因見解上的差異，因此對其定義也有所區別，較為著稱的包括：

1. 法國社會學家涂爾幹認為自殺是「一個人意圖採取行動，結束自己的生命」。
2. 史金得摩認為自殺是「任何自戕行為，帶有自我毀滅的意圖」。
3. 柴克萊認為自殺是「人類自我處罰、自我結束的行為」。

　　依據1970年於鳳凰城召開的「70年代自殺預防」（Suicide Prevention in the Seventies）會議上所提出的「自殺行為的分類」方案，將自殺分為：

1. 「自殺意念」（suicide ideas）：係指一個人內心有自殺的想法或計劃，但尚未付諸實行，它對個人的生命仍有潛在的致命性威脅。
2. 「自殺企圖」（suicide attempts）：係指一個人已做了「確實會」或「似乎會」對其生命有威脅的行為，同時會有對生命表達厭倦的意念，但這些行為並沒有造成死亡的結果。

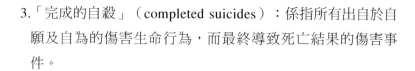
3.「完成的自殺」（completed suicides）：係指所有出自於自願及自為的傷害生命行為，而最終導致死亡結果的傷害事件。

## 一、自殺者的社會背景

根據涂爾幹的說法，自殺行為具有濃厚的社會環境因素。易言之，自殺是有諸多社會背景的原因，據此來自學者的研究發現：

1.年齡及性別與自殺的行為有關。年輕女性及中年男性因愛情、婚姻、家庭及法律等原因而造成自殺者較多。

2.自殺方法中，以服藥者較多。

3.激烈的自殺行為以男性較多，女性則是以投水方法較多。

4.隨年齡的不同，性別與角色對自殺行為之社會心理也有影響。女性自殺個案以十五至二十四歲最多；男性方面，自殺比率會隨年齡略增，三十至三十四歲為最高峰。

5.婚姻、愛情、家庭三項問題是引起女性自殺的主因，社會、學校適應障礙次之。

6.男性自殺的主要原因可歸納為社會、學校適應障礙及法律問題等兩類。

7.顯然男女間有不同的生活角色，在實際環境之遭遇所引起的心理上之困難程度，也各有所差別，因此所表現出的自殺行為也有所不同（Skidmore & Thackeray, 1997）。

## 二、自殺行為的理論性研究

### (一)涂爾幹的研究

涂爾幹將自殺歸納成以下四種基本類型：

1. 利己自殺型：占自殺個案中最多數的一種類型，也就是為了逃避某些事情而做出的自殺事件。
2. 利他自殺型：是一種願意為主義而自殺奉獻自我。
3. 迷亂自殺型：可能是由於自殺者於事業、健康或者其他方面有了重大的改變而發生的。
4. 宿命自殺型：則多半是犯人、奴隸，或其他由於過於嚴格管制發生之案例。

### (二)佛洛伊德的理論

佛洛伊德認為自殺純粹是來自個人因素的影響而造成。也就是說，由於受到了挫折，造成個人的攻擊力向內心發展，而謀殺的對象就是他愛恨交接的形象。

### (三)伽巴德的主張

伽巴德（Gabbard, 2007）則主張分為殺人的意願、被殺的意願、死亡的意願三種。又將自殺分為下列三大範疇：(1)慢性的自殺；(2)器官自殺；(3)焦點自殺。在研究中發現很多神秘動機，連自殺當事者都不知情，因為他們都是無意識的表現出來。在經過研究的統計資料後，認為自殺是受自然界、人種因素、生物因素、個人的社會條件，及個人的心理因素的影響。

## (四)荷妮的理論

荷妮（Karen Horney）認為自殺是父母對孩子管教錯誤引發神經過敏所造成的。自殺者是由於當事人蒙受高度自卑感，處於自我設定目標和潛伏攻擊的壓力影響下造成的。

## (五)罪犯性格理論

其理論主要是指一個罪犯的思想模式是建立在無能與全能的矛盾情緒上，發現每個罪犯的生命過程中，時常會有自殺的念頭產生。

## 三、預防與處理

醫療社會工作人員在輔導有自殺傾向的病人時，應先設立短程及長程協助目標：

## (一)短程目標

1.在數小時內使病人沒有自我毀滅的行為。
2.二十四小時內使病人減少自殺之聲明。

## (二)長程目標

1.病人無自殺意念、思想及感覺，並以一種新的方法來處理其自殺之情況。
2.病人逐漸復元，並能得到一種專業性、持續性之協助。

至於在具體做法上，醫療社會工作人員則宜：

1.早期發現自殺前兆做自殺評估。

2.觀察與保護病人：

(1)提供一個安全的治療性環境，除去單位內所有的危險物品，並定期檢查室內有無潛在性危險情況。

(2)儘可能安排病人住在靠近護理站之多人病房。

(3)視病人的情形，多予探視病人，如每十五分鐘或每三十分鐘做一次探訪。

(4)安排有經驗的工作人員負責照顧病人，必須採一對一方式，並可請家屬陪伴病人。

(5)提高警覺注意病房死角與空隙，有自殺傾向的病人常利用醫護人員忙碌或交班的時刻，進行自戕行為。

(6)對恢復期之憂鬱症病人，尤應密切觀察注意其言行變化的情形。

(7)密切觀察病人行蹤、言行與情緒的變化，並為必要的記錄，以作為治療之參考及法律之依據。

(三)建立醫務社會工作者與病人之間的信任關係

1.用溫暖的、接納的、尊重的及坦誠的態度面對病人。

2.運用溝通技巧，如同感心、傾聽、反映、探索等，以助於與病人的溝通。

3.直接與病人討論有關自殺之想法與感覺，尤其是罪惡感、羞恥感、憤怒、孤獨、無助。

4.分析病人行為，並避免被病人的敵意或憤怒所影響。

5.醫務社會工作者應瞭解自己的焦慮情緒化，避免被自己的道德觀所束縛。

## (四)與病人訂立不自殺之契約

其主要內容包括：「不管發生什麼事件，我將不會在任何時間有意外或有目的地自殺。」

## (五)灌輸希望

1. 尊重病人，確認其價值。
2. 利用其矛盾感覺，鼓勵求生欲望。
3. 引導病人注意其擁有之財產。
4. 對憂鬱病人解釋他的沮喪、無望的感覺是暫時的，一定會逐漸改善。
5. 當病人恐懼會失去控制時，堅定地告訴病人，醫務社會工作人員會盡力保護他。
6. 尋找病人生命中重要人物，引導他們獲得必要的支持。
7. 協助病患認識其自身的長處，提供其本身正向經驗。

## (六)協助病人探求處理危機之方法

1. 擴展病人的知覺及感覺認知。
2. 提醒病人實際生活中並非事事皆順心，並非自己所期待的目標皆可獲得實現。
3. 與病人討論最近發生的危機與困難。
4. 指導病人有效應付壓力的方法。

## (七)發展支持系統，提供社會資源以協助病患

1. 家人、親友、社區團體、宗教組織，皆可加以妥善運用，以協助病患。

2.以生命線作為緊急處置時的支持系統。

3.心理諮詢機構，如張老師、家庭協談中心等輔導機構。

4.社區心理衛生中心。

5.各醫院之精神科門診。

## (八)緊急情況之處理

如當病人手握利器，或爬上高樓並威脅要自殺時，工作人員應：

1.保持冷靜。

2.使用溫和、簡短、堅定、清晰之言語與病人談話。

3.引導病人移去自殺工具或離開危險現場。

4.拖延時間，尋求人力支援。

## (九)自殺行為發生時

1.以冷靜、理智的態度，通知醫師給予適當的急救與處理。

2.瞭解病人自殺方式，注意其他病人之疏散。

3.通知家屬並由醫師負責解說。

當醫務社會工作者面臨當事人的自殺威脅時，要採取哪些步驟，才能增加自己行為的合理性與合法性？首先，必須決定這個威脅的重要性；其次，如果醫務社會工作者認定存在著可預見的危險，就「必須」立即採取行動，他們必須採用合於專業工作標準的方式直接處理。當事人生命有危險時，他們所擁有的保密權利也就居於次要了。

伽巴德提供了自殺者在決定自殺時可能的徵兆：

1.丟棄引以為傲的事物。

2.計劃並討論自殺計劃，包括自殺方法。

3.過去曾表示或嘗試著自殺。

4.表現無望、無助，以及對自己、對世界的憤怒。

5.表示家人和朋友將不會懷念他們。

6.經常性的失落。

伽巴德提出處理自殺個案的可能方法：

1.如有可能，要求當事人同意在危急時，及時告知醫務社會工作人員或地區緊急服務處。

2.如果當事人擁有武器，須確信有第三者能掌握主要情況。

3.考慮增加諮商的次數。

4.安排介於兩個諮商階段期間，當事人可打電話給社工員，甚至於社工員能掌控當事人的情緒狀況。

5.如果社工員認為已超出個人之能力所及，則須與督導或同事會商，或者帶入另一個工作人員，並且在必要時安排轉介。

6.對當事人的態度要明確且穩定，不要讓自己受到威脅與操縱。

7.工作者在面對輔導時，不要使自己成為當事人抉擇和行動的唯一負責者。

　　任何一位當事人需要對他自己的最終行為負責。工作者宜在當事人的瞭解及同意下，引介當事人的「重要他人」來支持當事人。

　　伽巴德則主張社工員必須將當事人「求助的呼喊」看得很嚴肅；當他們判斷當事人有自殺傾向時，也要有必備的知識技巧來處理。他同時強調，當事人的問題超過協助者的能力範圍時，社工員要知道何時、何處、如何進行適當轉介。當有自殺傾向的當事人要求幫助時，治療者的確在專業理論上及法律上有義務提供幫助。對於那些不想要別人幫助，或主動拒絕者，專業人員的責任在於勸告

他們接受幫助，因為畢竟生命的價值是無可取代的。

 結語

　　醫務社會工作是將社會工作實施在醫療保健機構中，將社會工作的專業知識技巧、態度和倫理價值，應用在醫療保健的領域中，而特別強調社會與環境壓力所造成的社會功能與人際關係失調，是導致疾病的原因或與疾病有密切關係。醫務社會工作是醫學與社會工作科技整合的產物，對疾病的預防治療和復健有關，針對病患及其家屬於經濟、社會、情緒以及家庭方面的問題，提供專業性的服務，特別著重於提供心理恢復方面的解決、處理。

　　醫務社會工作的專業性無人能替代，且扮演著協調者、專業技師、行為藝術者，以及合作者的角色，是解決病人生理以外的，也就是社會、環境對病人所造成的壓力，著重在心理恢復的專業協助。醫護與社工兩者如能相互配合，便可使整個照護過程更臻完善，達到生理、心理、社會三方面皆能恢復健康。

 問題與討論

一、請說明醫務社會工作的主要內涵。

二、請說明醫務社會工作的主要功能。

三、請說明醫務社會工作的實務理論。

四、請說明自殺行為的理論性研究的內涵。

五、請說明醫療社會工作人員在輔導有自殺傾向的病人時，應設立的短程及長程協助目標。

# Chapter 12

## 社會福利服務

前言

　　隨著社會型態的變化，以及社會工作專業學理的增進，形成台灣社會實務工作過去的發展，建立了今日的專業制度及形象。早期社會工作在台灣的實務工作，多以慈善救濟的面貌為大眾提供社會服務。根據1948年《中華年鑑》的記載，1947年底全國救濟機構共計四千一百七十二個，其中慈善及宗教團體就占全數74%強（陶蕃瀛、簡春安，1997）。目前社會工作實務的發展已與從前有完全不同的專業形象。「社會工作師法」在1997年通過後，目前我國已經有超過一千人通過考試，成為國家認證的社工師。社會工作師的專業性證照制度已經建立。社會福利有關的法規也逐年訂定或修訂而日趨完備。目前內政部登記從事社會福利服務團體已經超過七千個。社會工作的教育培育也發展極快，目前大專院校設有社會工作相關系所已逾二十所。專業制度建立，社會福利相關福利措施與法令頒布，政府社會服務專屬單位增多，非營利機構蓬勃建立等，台灣的社會工作已普遍被認定為具有專業服務的水準。

 壹、社會工作的挑戰

　　社會工作是貼近人民需求的專業，必須注意社會的變化及因之帶來的新需求。面對台灣社會生活型態、經濟、家庭結構的各項變化及社會工作方法的新趨勢，我們必須要有所因應。台灣社會工作的服務方式或與政府的合作關係逐漸轉型趨向多元化，如預防性的服務方案增加；使用者增權的觀念提升；社區及團體工作方案的多

元嘗試；與政府的關係轉向委託及夥伴關係；對社會的需求由被動到主動倡導的角色。台灣社會福利有福利私有化，及強調「在地老化」、「在宅服務」等福利社區化，及福利服務的去中心化等的趨勢。但是，面對科技主導之生活型態，世界移民熱潮及時空的縮短所造成的家庭、個人及社區的巨大改變，我們社會實務工作者面臨了更大的挑戰，是我們需要思考因應的。

## 一、家庭變遷

根據統計，台灣平均每戶人口數正在逐年減少中，婦女生育率的降低也使家庭子女數不斷減少，離婚率增加，多次婚姻的家庭也有增多的趨勢。各種新的家庭組織結構也在變化中，如無子女、獨身、同性同居型態的家庭，因為工作分居兩地的候鳥家庭等。單親的家庭增多形成新的家庭結構與人際關係。外籍配偶的家庭及子女逐年增加，也有其特殊的文化及社會的適應問題。凡此種種，皆造成家庭社會工作評估指標及處置方法的新挑戰。

## 二、人口老化

老人安養愈趨需要時，年長者的照顧責任將落在國家提供的社會福利措施與設備，如何提出完善的照顧系統，成為老年社會工作者的挑戰。

## 三、兩性平權

自美國社工協會在1983年討論「性別主義社會中的社會工作

實踐」時，提出如何進行婦女增權的社會工作起，排除性別歧視就是社會工作倡導的議題之一。為落實兩性平權的社會工作理念，社會工作者如何在服務輸送、工作方法及內容上反應性別無歧視的理念，也是我們需要思考的。

## 四、貧富差距

隨著社會經濟轉型造成貧窮救助對象趨向多樣。失業的人口在全球化的今天尤其顯得複雜。婦女更可能因為失婚、殘病、喪偶、遺棄、受暴等原因造成貧窮。未成年媽媽、受暴婦女、外籍新娘及單身高齡婦女成為貧戶的現象必須要正視。單親家庭的形成除了早期喪偶的原因之外，這幾年因為婚姻破裂而成為單親家庭的數目增加不少。離婚使許多婦女經濟條件降低，女性戶長的單親家庭成為貧窮家庭的可能性增加。這些新的貧窮家庭的困境，社會工作如何提出完善的服務方案，是亟待正視的。

## 五、跨界移民

由於經濟全球化的趨勢，造成婚姻移民的潮流，外籍新娘人數持續增加。外籍配偶來到這個陌生的環境，不論是語言、風俗習慣、生活方式，甚至飲食習慣，都和原來生長的國家不同，容易產生生活適應上的問題；子女的教育問題也是外籍配偶的困擾。因應文化差異下的適應問題，社會工作宜提出有效的方案。

**貳、青少年福利服務**

　　2007年，我國零至未滿十二歲之兒童人口數計3,176,997人，占總人口數13.89%，十二歲以上未滿十八歲之少年人口數計1,930,184人，占總人口數8.44%，零至十八歲以下兒童及少年人口數為5,107,181人，占總人口數22.33%，人口出生率逐年下降為世界趨勢，惟雙薪家庭及單親家庭的增加，促使我國社會結構改變，使得嬰幼童照顧、托育服務，學齡期兒童課後安親服務，發展遲緩兒童之照顧，受虐、貧困、失依兒童及少年之生活扶助、安置、保護、輔導，兒少之醫療保健，兒童及少年偏差行為的預防，非行少年之轉介服務或安置輔導，兒童及少年性交易防制，少年犯罪等問題日顯繁多及重要。

　　為因應環境需求，以維護兒童及少年健康，促進其身心健全發展，對於需要保護、救助、輔導、治療、早期療育、身心障礙重建及其他特殊協助的兒童及少年，提供所需服務及措施，是以「兒童福利法」及「少年福利法」合併修法。該法包括總則、身分權益、福利措施、保護措施、福利機構、罰則和附則等共有七章。青少年福利服務希望達到的目標為：

## 一、經濟安全

　　為保障兒童少年基本生活權益，我國在規劃兒少經濟安全制度，除對低收入戶兒童少年依社會救助法給予生活、就學補助，對中低收入戶兒童亦給予生活扶助，低收入戶及寄養家庭兒童就讀托兒所者給予托育補助外，並推動兒童醫療補助、發展遲緩早期療育

補助等措施。服務項目為：

1. 生活補（扶）助，包括低收入戶生活補助，中低收入戶兒童及少年生活扶助，「弱勢家庭兒童及少年緊急生活扶助計劃」。

2. 托育補助，包括低收入戶兒童托育補助，發放幼兒教育券，中低收入家庭幼童托教補助。

3. 醫療補助，包括低收入戶暨弱勢兒童及少年醫療補助，三歲以下兒童醫療補助，中低收入家庭三歲以下兒童健保費補助，早期療育補助。

## 二、兒童托育服務

兒童托育服務目的在於補充家庭照顧之不足，然隨著家庭結構轉型及價值觀念變遷，親職功能日漸式微，為協助轉型中的家庭及婦女的多元角色擴展，使其在家庭與職場間能取得平衡，積極辦理下列托育服務工作：(1)建構社區化、普及化托育環境，輔導地方政府辦理托育機構教保人員專業訓練，推動社區保母支持系統；(2)建立保母人員培育訓練、媒合轉介、在職訓練之輔導機制，輔導地方政府透過評鑑作業，提升托育機構服務品質，規劃保母管理及托育費用補助；(3)研商幼托整合方案。

## 三、早期療育服務

建立早期發現、早期預防的觀念，結合社會福利、衛生、教育等專業人員，以團隊合作方式，提供發展遲緩兒童早期療育服務，主要辦理事項如下：(1)辦理相關專業工作人員研習訓練，提供早

期療育服務；(2)印製發展遲緩兒童宣導單張、宣導錄影帶、光碟分送各地方政府暨民間團體及小兒科醫療院所加強宣導；(3)療育與相關服務；(4)辦理幼托園所巡迴輔導及教保人員早期療育專業知能訓練，以期強化托兒所之收容能量。

### 四、保護服務

根據統計，政府受理之受虐兒童少年一年超過萬件以上，施虐者以父母占最多數（79%），施虐因素以缺乏親職知識者占最多；為落實「兒童及少年福利法」處理兒童及少年保護案件之規定，除結合公、私部門力量提供諮詢、通報、救援、安置、輔導、轉介等服務措施外，並對施虐者實施強制性親職教育及提供保護個案家庭處遇服務等工作；結合民間力量，設置二十四小時「113」婦幼保護專線，提供兒童少年保護諮詢、通報、救援及兒童少年協尋通報服務；辦理高風險家庭輔導處遇服務。

### 五、弱勢兒童及少年福利服務

為建構「以兒童少年為中心」之整合性照顧服務，輔以支持性、補充性、替代性等方案維護家庭功能，辦理收出養業務，輔導設置兒童少年安置教養機構，加強危機家庭兒童及少年生活照顧，辦理失業家庭兒童短期照顧服務，推動兒童少年社區照顧輔導支持系統，辦理隔代、單親及原住民弱勢家庭之兒童少年服務，辦理外籍配偶弱勢兒童少年家庭服務。

## 六、兒童及少年性交易防制工作

　　台灣近來社會的變遷快速，社會風氣趨向功利化，家庭功能減弱，學校教育功能偏頗等，以致出現兒少從事性交易問題。政府制定「兒童及少年性交易防制條例」，公權力正式介入救援及保護未成年人被迫或被誘從事性交易，並從預防、救援、保護輔導及後續服務等方面持續推動各項業務。

## 七、行為偏差兒童及少年輔導服務

　　推動邊緣少年「高關懷團體工作」方案：(1)針對邊緣、非行少年，規劃辦理「少年高度關懷團體工作」，辦理中輟行為偏差少年輔導方案；(2)設置兩性關係及未婚懷孕輔導專線及建構相關補助措施。

　　由於少年兒童仍在成長階段，成長環境對兒童少年的學習和社會適應有密切關係。因此，社會對於他們的照顧和養育所投下的心力和重點放在哪裡，與他們日後所具備之能力息息相關。對於進入高齡化與知識經濟時代的社會，兒童與少年不僅是國家未來的主人翁，社會榮枯也與他們擁有的才能息息相關。尤其在高度競爭的國際社會裡，已經將青少年人力資源規劃與培育列入國家的核心競爭力優先考量。「聯合國憲章」的宗旨和原則也開宗明義要世界各國人民有義務採取行動，促進和保護兒童及青少年的權利，並尊重所有兒童的尊嚴及保障他們的福利。籲請世界各國致力於創造一個適合兒童及青少年生長的世界，在民主、平等、不歧視、和平與社會正義等原則，以及包括發展權在內的所有人權的普遍性、不可分割性、相互依存性和相互關聯性的基礎上，實現人類的持續發展。

**參、婦女的福利服務**

隨著對婦權意識的重視，維護婦女權益並提升其地位，是政府實現公平正義社會最基本而重要的工作；為落實憲法增修條文第十條第六項，「國家應維護婦女之人格尊嚴，保障婦女之人身安全，消除性別歧視，促進兩性地位之實質平等」的憲政精神，自1990年代中期開始，與婦女福利相關的社會福利法規相繼出現，包括了：1995年「兒童及少年性交易防制條例」、1996年「性侵害犯罪防治法」、1999年「家庭暴力防治法」、2000年的「特殊境遇婦女家庭扶助條例」以及2001年的「兩性工作平等法」。

現階段台灣女性面臨了來自國內與國際全球化的衝擊，這包括了：

1. 經濟層面：經濟成長減緩、失業問題、勞動市場彈性化等對於婦女參與勞動市場以及家庭經濟安全的影響。

2. 政治層面：政府財政問題與政黨競爭影響到社會福利政策的制定與推動。

3. 文化層面：由於兩性平權觀念的推廣，社會開始重視女性在私領域的生活，如家庭暴力、家庭照顧工作等的議題。再者，對族群多元文化的關注，原住民婦女議題、外籍／大陸配偶議題也漸漸受到重視。

4. 社會層面：婚姻與家庭結構的變遷，例如離婚率升高、單親家庭增多等，都顯示出女性福利的新需求。

5. 人口層面：人口老化帶來的照顧需求，從東南亞與中國大陸移入的外籍／大陸配偶、外籍幫傭都對台灣女性、移民女性的個人生活與家庭生活產生了新的適應議題。

對於這些變遷，相關需要關注的婦女福利議題如下：

## 一、落實性別主流化理念

「性別主流化」強調對結構層次的關注，將女性在生涯發展中面臨到的不平等、不利處境，置於一個更寬廣的「性別關係」的議題，以實現性別平等。

## 二、加強弱勢婦女扶助與照顧

針對遭遇變故之不幸婦女，如未婚媽媽、離婚、喪偶、被遺棄、被強暴及婚姻暴力受害者等，提供適切之服務，設置不幸婦女庇護場所、中途之家，提供單親家庭服務措施，特殊境遇婦女扶助，外籍配偶支持與照顧等措施。

## 三、辦理一般婦女福利服務

基於性別平等的理念，為開發婦女潛在人力資源，提供婦女公平參與社會的機會，採取強化婦女福利服務中心之功能。辦理知性成長課程，減輕婦女照顧負擔，提供社區化之婦女社會參與機會，鼓勵各社區發展協會及婦女團體積極開辦婦女知性講座、生活資訊教育訓練或參與志願服務團隊等活動，以彙集婦女人力資源，並提升婦女生活知能、拓展生活領域。

**肆、身心障礙者福利**

為維護身心障礙者之合法權益及生活,保障公平參與社會之機會,因應身心障礙人數增長、個別性需求多元及國際潮流趨勢,2007年7月11日將「殘障福利法」修正為「身心障礙者權益保障法」,明列醫療復健、教育權益、促進就業、福利服務、福利機構等法定權益及福利。因應身心障礙者實際需求,朝向保障經濟安全、托育養護服務、提供無障礙生活環境及促進社會參與等方向努力。

### 一、經濟安全

為維護身心障礙者權益及保障其經濟生活,依據「身心障礙者生活托育養護費用補助辦法」,對中低收入身心障礙者提供生活補助經費,包括身心障礙者生活補助,社會保險保險費補助,財產信託制度。

### 二、生活照顧

自2001年起辦理身心障礙者居家服務,服務項目為:居家照顧、家務助理、友善訪視、電話問安、送餐到家、居家環境改善等。

### 三、機構照顧

主要服務項目有:早期療育、日間托育、技藝陶冶、庇護性就業訓練、住宿養護及福利服務等,促進身心障礙者利用之可近性與便利性。

### 四、輔具補助

為促進身心障礙者輔具資源與服務整合，於2002年訂頒「身心障礙者輔具資源服務整合方案」。該方案以服務窗口、資源配置、資訊整合、技術開發、廠商輔導、產品驗證、人才培育等措施為要領，建構以失能者為核心之輔具服務體系、服務傳遞模式，便利失能者有效運用輔具之無障礙環境，促進研發資源與成果運用共享，達成身心障礙者輔具資源與服務整合目標。

### 五、個別服務

為有效因應社會化需求，推展個案管理服務，運用社會工作方法，並結合醫療、教育、職訓、福利等相關服務資源，協助面臨多重問題與需求之身心障礙者解決問題並滿足需求。

### 六、生涯轉銜

依據「身心障礙者接受社會福利服務轉銜實施要點」，加強相關部門之協調、聯繫，促進身心障礙者在不同生涯階段獲得無接縫服務。

##  伍、社會救助的實施

我國社會救助係秉持「主動關懷，尊重需求，協助自立」原則，依據「社會救助法」之規定，辦理各項社會救助措施，使貧病、孤苦無依或生活陷入急困者獲得妥適之照顧，並協助低收入戶

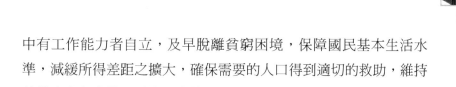
中有工作能力者自立，及早脫離貧窮困境，保障國民基本生活水準，減緩所得差距之擴大，確保需要的人口得到適切的救助，維持其基本生存水準，以進一步積極協助其脫貧。

### 一、生活扶助

針對家庭總收入平均分配全家人口，每人每月在最低生活費標準以下者（通稱為「低收入戶」）提供持續性的經濟協助，給付扶助措施包括孕產婦及營養品提供（含未婚媽媽新生兒營養補助）、生育補助、租金補助或住宅借住、房屋修繕補助、學生營養午餐費用補助、傷病住院看護費用補助等服務，以確保低收入戶食衣住行等基本需求的滿足。藉由現金與實物同時給付的制度設計，一方面維護低收入戶的選擇權，另一方面也能提升救助資源運用的效率。

### 二、輔導自立

社會救助最積極的目的是希望促進低收入戶自立，藉由救助資源與機會的提供，助其脫離對救助措施的依賴。此外，低收入戶參加職業訓練期間，可申領發給生活補助費，免除其後顧之憂，積極鼓勵低收入戶學習一技之長，提升其人力資本，便於日後取得較佳的就業機會，有助其早日脫離貧窮。

### 三、醫療補助

提供低收入戶參加全民健康保險所需之保險費外，對於低收入戶之傷、病患者及患嚴重傷、病所需醫療費用，非其本人或扶養義

務人所能負擔者,亦予以補助,以補強全民健康保險醫療給付不足之部分。

## 四、急難救助

對遭逢一時急難的民眾,及時給予救助,得以渡過難關,迅速恢復正常生活的臨時救助措施。「社會救助法」規定:戶內人口死亡無力殮葬、戶內人口遭受意外傷害致生活陷於困境者,及負家庭主要生計責任者罹患重病、失業、失蹤、入營服役、入獄服刑或其他原因,無法工作致生活陷於困境者,得檢同有關證明,向戶籍所在地主管機關申請急難救助。

## 五、災害救助

由於台灣地區地理環境之特殊條件,颱風、水災、地震時有發生,往往造成民眾生命與財產之重大損失,災後之復建亟需政府救助與社會援手,以安定受災民眾生活,協助重建家園。

## 六、遊民收容

現行遊民收容輔導採「緊急服務、過渡服務及穩定服務」三層服務階段,期使於尊重當事人基本人權、考量地域差異性之前提下,提供適切的服務與輔導措施,以協助遊民生活重建與適應。

## 七、弱勢家庭脫困

凡因各種不可完全歸咎於個人之理由致家庭突遭變故,或處

在貧窮邊緣生活困頓之家戶，提供急難救助、短期緊急居宿安置庇護、緊急醫療補助、精神疾病診斷與治療、就業扶助、助學措施、法律扶助、人身財產安全保護、照顧服務、創業與理財等多面向福利措施，協助經濟弱勢家庭逐漸自立自強、脫離貧困。

 結語

社會工作專業致力於提升個人、家庭、團體、組織與社區的社會功能，期使社會中每個人都有幸福美好的生活。社會工作的宗旨目標也正是社會福利制度的理想，社會實務工作者在過去為社會提供不同型態的社會服務，社會工作的服務內容與方法也隨不同階段有所更動，以符合社會需要。今日面對台灣社會在人口結構、家庭型態、經濟政治及科技通訊等巨大的轉變，社會工作實務面對許多新的挑戰，誠需要政府、社會工作者與學術界攜手合作共同面對，以對社會大眾的需求提出適切的回應。

 問題與討論

一、請說明隨著社會型態的變化，社會工作的挑戰的主要內涵。
二、請說明我國青少年福利服務的主要內涵。
三、請說明我國婦女的福利服務的主要內涵。
四、請說明我國身心障礙者福利的主要內涵。
五、請說明我國社會救助的實施的主要內涵。

# 第 四 篇

## 反思篇
─────藉內蘊省察，以寄寓前瞻思考

# Chapter 13

## 社會工作管理

前言

　　效率、效能、績效、品質及責信等管理上的名詞，已逐漸成為社會服務機構經營管理不可忽視的要素。從「公共行政」到「公共管理」，以及從「社會福利行政」到「社會工作管理」，已成為社會福利供給的發展趨勢。社會工作管理的相關知能與技巧，也就成為社會工作領域的學習者、實務工作者與管理者必備的基本知識，也是展現社工專業人員之「社會工作才能」所不可或缺的基礎。

 壹、管理的基本概念

　　長期以來，管理為組織發展所重視，德國社會學大師韋伯（M. Weber）並且將組織管理視為人類理性化的行動之一，科層制度更是組織擴展所不可或缺的體制。而素有「現代管理學之父」之稱的彼得·杜拉克於管理學的建構更強調：自人與組織互動，論述經濟、資訊、社會型態的各個層面，提供犀利的洞察力和前瞻的策略，以引導社會組織邁向卓越績效。一般來講，管理理論的發展經歷了三個階段：傳統時期的組織理論、行為科學時期的組織理論、系統理論時期的組織理論。

### 一、傳統管理理論（1890～1930）

　　本理論亦稱古典管理理論，產生於十九世紀後期和二十世紀初期，其產生與工業革命要求發展新的組織形式、大機器工業組織的興起有密切關係。傳統管理理論的主要觀點是：

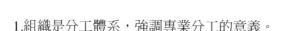

1.組織是分工體系，強調專業分工的意義。

2.組織是一個層級控制體系，強調指揮統一。

3.組織是一個權責分配體系，講究職責分明。

4.組織是一個法令規章的體系，具有明文規定的制度、規範。

5.組織有明確的目標。

6.組織活動的目的在於追求效率。

傳統組織理論突出的特點在於：追求組織結構的系統化，因而十分強調組織設計、合理職責權限分配及完善的層級節制體系；追求組織運行的計劃化、標準化，強調任何工作都要計劃，處理一切事務都要依賴可靠的事實或一定的標準；追求組織管理的效率化，認為組織管理的目的在於提高效率，以最經濟的手段獲得最大的效果。

## 二、行為科學時期的管理理論（1930～1960）

針對傳統組織理論和研究方法的偏失，從1930、1940年代起，許多學者用行為科學的理論與方法研究組織現象，從而形成了行為科學時期的組織理論。

在研究方面，行為科學時期組織理論的研究取向發生了根本的轉變，表現在：

1.從靜態的組織結構的研究轉向組織實際行為的研究，如個體行為、群體行為、決策行為、領導行為等。

2.從對組織管理原則的研究轉向對組織現象本質的分析。

3.從正式組織結構的研究轉向對正式組織行為的研究。

4.從價值的研究轉向事實的研究，即由研究「應如何」走向研

究「是如何」。

因此，在研究方法上，他們重視實證研究、行為的研究、社會研究、心理的研究和統計研究法。這一時期理論的基本精神在於強調組織是一個「心理的及社會的系統」。其立論的要旨在於：

1. 組織是一個心理、社會系統，它不僅是經濟的技術系統，同時也是人們為了達成共同目標所組成的一個完整體。

2. 組織是一個平衡體系，人們參加組織並為組織做出貢獻，組織也能給他以最大的滿足。組織之所以存在和發展，就在於組織成員對組織的貢獻。兩者保持平衡狀態。

3. 組織中的各種行為本質上是一種制定決策的行為，組織本身也是提供合理決策的機構或制定合理決策的社會系統。

4. 組織不僅是指在權責分配、勞動分工基礎上建立的正式組織體系，還有人們在相互交往、彼此瞭解基礎上建立的非正式組織。

5. 組織不僅是權責關係的結構系統，而且是人們在相互交往過程中產生的影響力系統，這種影響力貫穿於組織之內，不僅上級可以影響下級，下級也可以影響上級。

6. 組織是一個溝通系統，沒有溝通的組織不能稱為組織。

7. 組織是一個人格整合體系，組織是由許多不同的人所組成的，不同的人格對於事物的認知、理解與解釋也不盡相同，故組織不免會有衝突，組織的基本功能之一便是協調衝突，達到人格整合。

8. 組織中人的行為出發點便是人的動機，為了調動組織中人的積極性，提高組織活力，必須通過滿足人的需要等手段來激發人的動機，即實施激勵。

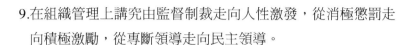

9.在組織管理上講究由監督制裁走向人性激發,從消極懲罰走
　向積極激勵,從專斷領導走向民主領導。

### 三、系統方法時期的管理理論（1960～）

　　從1960年代起,隨著一般系統論、資訊論、控制論的產生和
應用,一些學者在總結、吸收古典組織理論和行為科學時期組織理
論的合理成分,揚棄其錯失的基礎上,從系統的觀點出發,運用系
統分析的方法研究組織現象,組織理論的研究從而進入系統理論時
期。

　　系統理論時期組織理論的主要觀點是:

1.組織是一個「結構的社會技術系統」,它由五個次級系統構
　成,即管理子系統、心理及社會子系統、結構子系統、技術
　子系統、目標與價值子系統。每個子系統雖然各有其功能,
　但卻相互依存,構成一個完整的統一體。

2.組織是一個開放系統,與外界環境保持著物質、能量和資訊
　的交換。

3.組織是一個反饋系統,一個組織在實現其目標的過程中,對
　所採取行動產生的效果或情勢,予以認知、判斷,根據偏差
　進行適當的調整或修正。

4.組織是一個生態系統,必須不斷適應內外環境的變化,不斷
　變革和調整,從而才能維持其生存和發展。

5.組織管理的權變性,組織管理沒有永久不變的定律,要隨機
　應變,不可執著,組織管理的方法也是多樣化、殊途同歸。

## 貳、組織士氣的激勵

所謂士氣就是員工由消極轉為積極的態度而形成的一種團體精神。高昂的士氣則表示管理有了良好的成效，亦為正常行為氣氛的測量。它結合了組織內在與外在的有利條件，把個人的需要與組織的目標組合為一體；亦即調和了組織與個人的衝突，使個人努力於組織目標的實現，同時也使組織目標的達成來滿足個人的欲望。因此，士氣的高昂往往代表效率的提高，社會工作乃是提供熱誠的服務精神，更需要藉由士氣的激勵以帶動助人專業的永續發展。士氣的提高基於下列因素：

### 一、工作動機

動機乃是代表個人欲望的追求，一個有強烈動機的人較有良好的工作態度，且抱持著積極的工作精神；而無法滿足工作需求的個人，則對工作感到不滿意，而抱持消極的工作態度。根據心理學家的實驗研究認為，持積極工作態度的員工多為高效率者，而消極工作態度的多為低效率的工作者。因此，組織欲求士氣的高昂，提高員工的工作興趣，激發其工作動機實為重要的課題。

### 二、薪資報酬

薪資報酬在工作動機中，雖非影響員工士氣的唯一重大因素，然而仍為一般員工所共同關心的問題。蓋薪資的高低除了代表經濟意義之外，尚含有個人對組織貢獻的評價意義在內。準此，薪資標準的核算是否公平，影響工作情緒甚鉅。健全的薪資制度足以激發

員工工作動機，提高工作精神；不合理的薪資制度卻足以降低工作
精神，造成組織管理的困擾。

### 三、職位階級

職位高低影響個人工作情緒與態度，至為明顯。一般而言，擔
任管理階層工作人員對工作滿意的程度，比一般事務人員要高，此
種原因有二：一為職業聲譽；一為控制權力。前者乃為一般社會人
士認為地位高的職業，受人尊重，容易得到滿足，否則就感到屈就
而沮喪。後者則基於人類權力欲的驅使，一個有權管理或控制他人
工作的人，較易有滿足感；反之，屈居下位而被支配的員工較容易
沮喪，且造成抗拒的心理與態度。

### 四、團體意識

自從西方電子公司霍桑研究（Hawthorne Studies）發現人群關
係的重要性之後，今日無人能否認工作團體的意識對員工行為所產
生的影響。工作團體的關係，對員工工作精神影響甚大。有團體歸
屬感的個人或團體，有安全感與工作保障，而沒有團體意識的個人
或團體必是孤立或分裂的，不易有工作安全保障，很難有良好的工
作精神或士氣。惟良好的工作精神並不一定是高度生產的保證，其
原因厥為團體動機發展而成強烈的消極抵制，故而限制了生產。依
此，管理者必須善為利用員工的團體意識，激發團體合作的工作精
神。

## 五、管理方式

管理方式係指領導特質與領導技術而言。根據研究顯示，凡是工作精神旺盛的團體，其主管都是比較民主的、寬厚待人、關切部屬、察納雅言、接受訴苦、協助解決問題；而工作精神低落的團體，其情形恰好相反。同時具有高度破壞性的團體，率皆出自管理方式的不當所致。因此，管理人員特質與其所採取的手段，能決定工作組織的士氣與效率。

## 六、工作環境

工作環境的配置與設計是否得當，直接影響員工的工作精神。不良的工作環境易造成員工生理上或心理上的疲勞，直接削減工作精神或工作效率。一般工程心理學家（Engineering Psychologist）研究，在照明、音響、空氣、溫度、休息時間長短以及休息段落方面，若能配置得當，當可減少工作疲勞，振奮員工工作精神。例如空氣過分濕熱，必使員工熱不可耐，脾氣暴躁，易於遷怒其他事物。

## 七、工作特質

隨著工作性質的不同，員工對於工作的滿足感亦有差異。一般而言，具有專業性和技術人員比半技術性及非技術性人員，工作滿足程度要高。此乃因專業性及技術性人員身懷一技之長，對於工作充滿信心，因此有保障的感覺，並可發展自我成就感；而其他人員則無。可見工作性質的差異，亦影響組織士氣的高低。

## 八、工作成就

根據學習心理學的原則，個人能直接看到自己工作的效果或自感有工作上成就的人，容易保持學習的興趣。在組織內有實績表現的員工，自覺受到上級的激賞，都有較高的工作精神；反之，成績低劣或不為管理階層激賞的員工，其工作精神大都不好。事實上，工作本身與組織目標是否達成的關鍵，並無太大關係。員工自己的態度與管理階層對員工的看法，才具有真正的影響。

## 九、員工考績

考績乃為升遷的準據，也是薪資訂定的標準，更是工作的評估，考績貴在公平合理。不合理的考績制度，必然影響員工的工作精神。因此考核的方法與結果，必須要使被考核人瞭解，以作為員工自我改進的依據。

## 十、員工特質

工作精神的高低與工作情緒的良窳，部分係取決於員工個人的人格特質或健康狀態。良好的個人特質如積極性、負責任、合作性、健康等，不但促使個人隨時保持積極的工作態度，且與組織成員亦能竭誠合作，共赴戰場，激起高昂的士氣；而消極的、怠惰的、推諉塞責、不健康等特質的員工，不但本身採取消極的工作態度，且不與人合作，製造事端，適足以削弱團體的工作士氣。

總之，影響士氣的因素進而影響員工心理的因素，往往並不是那些重大的政策，而是一些細微末節的事項。因此，組織管理者應

多方發掘問題,多與員工接觸,注意其工作情緒,讓員工有參與決策的機會或舉辦團體討論活動,以激勵員工士氣。

 ## 參、非營利組織管理

東西冷戰結束後到二十一世紀的科技時代的來臨,全球經濟轉變,面對政治民主化、經濟自由化、社會多元化及資本全球化的挑戰,國家機關及民間社會間的關係,出現劇烈的變遷與轉型,大幅實施政府再造,建立一個創新、彈性、有應變能力的政府,是提高國家競爭力的基礎。受到自由主義的影響,由過往「大有為政府」邁向「小而美,小而精」的政府規模,並充分借重非營利組織,以發揮服務功能。

非營利組織指「不以營利為目的的組織」。有合法的組成結構和過程,以確保服務公眾利益的宗旨能夠貫徹,並受到監督,雖然稱作非營利組織,其所提供的服務並非全是免費的,有些組織仍會收取合理的費用,以維持組織的營運,只是他們不以利潤為組織營運的目標(蕭新煌,2000)。有許多用詞被用來描述非營利組織,包括慈善部門、獨立部門、志願部門、免稅部門、非政府組織、經濟會社、非營利部門、第三部門。其內容皆具有的特色為:有組織的、民間的、非利益的分配、自己治理、志願性的團體。

### 一、主要類型

至於,非營利組織的主要類型可概分如下:

## (一)傳統的社會服務機構

通常擁有基金，對政府的基金依賴比較低。提供多樣性的服務，理事規模比較大，成員多來自社區的政經菁英。例如：董氏基金會。

## (二)契約式的社會服務機構

大多數基金來自政府，理事規模比較小。在接受政府契約之前，這類機構是不存在的。例如：台灣評鑑協會。

## (三)鄰里或社區服務機構

建立於回應地方鄰里需求而成立的機構，致力於地方遭遇問題的解決，往往由助人使命的志工或未支薪的工作者所組成。例如：社區發展協會。

## 二、組織的運作

根據非營利組織的法令，會要求必須設置一個董（監）事會，確保組織運作的基本責任。此外，董（監）事會職掌組織的指導和監督，且有義務確保行動符合組織的使命及目標。必須對資金來源、社區、政府和顧客負責。董（監）事會功能有：

1. 機構的總指導和監督（政策發展）。
2. 短期和長期的規劃（方案發展）。
3. 雇用和評鑑有才能的行政員工（人事）。
4. 促進取得必要的財源（財務）。
5. 向社區人士說明組織（公共關係）。

6.強化本身的效能（能力的建立）。

7.評估（責信）。

因為福利多元主義興起以及福利混合經濟的倡導，加上「契約文化」的引進，使得志願部門在福利服務輸送的角色受到更多的關注。外在的環境變遷（如：公共支出的縮減、去科層化、去機構化等），傳統志願服務的角色和功能也產生重大的變異。而經費的贊助往往強調能看到具體可測量的成效，帶給志願部門很大的壓力。「契約文化」下，政府與機構的關係被形容為「夥伴關係」，強調相互之間的和諧。然而維繫於「市場化」的運作上所營造出的關係，也面臨如財源之不確定性，契約與慈善使命之間的衝突，契約與自主性之間的抉擇等難題。因應的方式，則在於非營利組織須朝向尋求組織管理之道，清楚定位組織的角色；廣闢各種財源管道，與政府和其他機構間取得真正的夥伴關係，建立在「信賴」之上；開闢正式與非正式管道，運用有限的資源，建立共同目標，朝向資源整合、共同分工發展。

### 三、管理策略

觀諸西方先進社會的變遷脈絡，非營利機構已成為快速發展的社會機制，因此宜注重是類組織的規劃與管理作為。策略性規劃是一種集體決策和直接行動的過程，藉以將組織從現狀引導至外來所期待的狀況，主要特性在釐清使命和著重未來。策略性規劃使得管理階層能做一些基本決策，並發展策略予以執行。其中主要的步驟為：(1)環境的評估；(2)利害關係人期望的分析；(3)策略性議題和目標的確認；(4)願景和使命的形成。

　　策略性管理是將目標轉化為行動的過程，始於發展整個年度計劃，運用參與的過程，主管發展特定的目標、方案、績效標準以及預算，員工確認必要的財務、物質以及人力資源。同時也將責信的指標加入方案或服務，以評估機構的績效。策略性管理主要的表現方式在於自我指導的工作團隊。這些團隊輸送顧客特定服務，並不一定要遵守正式的組織結構，主管透過授權，監督和管理組織的運作。團隊發展使命目標，透過定期會議的方式，達成組織的目標及使命。

 # 肆、志願工作的管理

　　「精簡政府員額」與「結合民間資源」，可說是影響我國社會福利發展過程中的兩個基軸。人力配備對於政府社會行政部門推動社會福利具有關鍵性的影響力，直接服務屬勞力密集固不待言，社會福利政策與方案的規劃，預算的執行也都需要專業人力，然綜觀台灣社會福利的發展，不論中央或地方均受制於組織員額精簡政策，即便隨社會變遷的腳步，民間新興服務需求殷切，社會福利預算大幅攀升，相對應社政人力之成長仍十分有限，以致造成社會福利資源的錯置與浪費。為此，積極發展志願工作者成為對應之道。所謂「志工」，是指出於自由意志，非受到他人蠱惑、脅迫，非基於個人義務或法律上的責任，而從事服務、社會福利等相關工作。機構和方案愈來愈大型，且受到贊助者對於其產出期待的壓力，因此機構對於志工的管制趨於嚴厲，確保不會怠惰其契約，並期待能增進其服務的效率及效能，是以需要管理的技巧加以經營，包括避免志工所帶來的負面效果，使得機構必須對於志工所提供的服務方

案加強管制。激勵志工服務意願,加強志工專業形象。

志工非機構的受薪者,因此需要很高的自主性和自發性,希望獲得肯定及工作價值,因此志工的招募往往牽涉到機構的工作性質,以及潛在志工的可能需求。而機構招募志工往往以組織為出發點,而忽略了志工本身的異質性或需求,因此有學者主張將志工當成消費者,使用行銷的原理吸引和維持志工,達到雙方互惠的效果。而在行銷之前,組織則必須對自己的任務及目標加以確認,然後才能開始行銷的部分,步驟如下:

1.進行市場研究:瞭解市場環境資訊,吸收可能的志工。
2.進行市場區隔:將可能潛在的志工特性區隔成不同的部分,並針對不同的標的人口群訂定不同的徵募策略。
3.行銷組合:使用無差異行銷、差異行銷和集中行銷的組合體。
4.徵募的技術:依組織的規模和可運用的資源決定徵募的型態與技術。

志工的維繫是重要的課題,我們在任何階段皆可能造成志工的流失。維繫方法如下:

1.主管確定運用志工的目的,並賦予足夠的工作責任,使其從中獲得滿足,能對組織投以長期的努力。不適當的規劃或不當的期待可能招募不到合適的志工,形成日後人員高流動率。
2.督導應該知道志工到機構後應該賦予什麼樣的工作,工作說明書是一個有效的工具。
3.在招募的階段針對適合的對象設計適合此族群的廣告,並以最簡便的方式接受報名,確保招募階段能夠找到足夠且合適

的人。

4.讓志工瞭解機構的歷史與運作方式，使其在熟悉、輕鬆的環境下工作。

5.志工訓練讓志工有更多的知識與技巧提供服務，也可讓志工在高品質的服務過程中滿足自己的需求。

6.專職人員與志工建立夥伴關係，有助於組織目標的達成，也提升志工工作滿意度。

7.管理階層的支援。

8.志工績效的評估，作為下一階段改善服務品質的參考。

9.社區的參與，獲得社區認同，讓志工知道其正向結果，能吸引更多的人力投入志工的行列。

影響志工投入的關鍵在於「領導激勵、目標明確、個人發展、成長學習和共事環境」，而人才管理正是非營利組織發展與運作的最佳策略。因此，唯有透過優質的志工工作以激勵人才，促其全心投入為組織創造價值，同時藉由培育與發展，讓志工本身的價值相對提升，落實組織與志工的相輔相成，兩相結合，才能達到非營利組織設置的宗旨。事實上，若志工不確知組織的營運策略，相對地也會對該努力的方向一知半解；若志工無法對工作有所投入，則在工作上的貢獻也會不如預期。

因此，組織為驅動績效，可以透過下列步驟提升改善與提升志工投入：

## 一、強化志工投入

要讓組織績效能持續維持並提升，首要條件就是讓志工對企業有完全的投入，並達到全員投入的境界。提升志工投入首要做法，

乃是讓組織營運策略和目標透明化，讓全員在組織共識下努力，並在此過程中，讓他們覺得自己對組織發展是有貢獻的。

## 二、內部流程透明

為了能夠成功，組織必須讓內部任何流程或進度都透明化。無論高階、中階、基層管理階層或一般員工，都必須確知執行進度的準則，並確知關鍵績效指標的底限、目標值和進度內容。

## 三、目標具體可行

組織營運流程的關鍵績效指標，必須在「組織能達到且想達到的成功程度為何（願景為何）」的前提下制定。最好的方式就是要以組織過去績效成果擬定未來績效目標，同時關鍵績效指標的衡量值必須具體可行，並讓所有工作進度都能即時進行績效衡量。在導入這樣的制度後，不但能提升內部溝通與管理回饋，任何工作執行上的調整和修正也能較為快速即時。

## 四、平衡工作負荷

身處於變動快速的社會環境，當組織講求工作效率並常須因應情境調整工作時，志工手上的工作進度與負荷也會相對變動。因此，唯有透過即時性的管理，才能讓志工額外或新增的工作一目了然，讓主管能夠隨時掌握員工的工作負荷動態，主動督導並進行工作調整。

### 五、落實激勵文化

　　主管的讚賞或激勵通常是員工投入很重要的來源之一。因此，在工作執行與進度明確後，內部各管理階層也能以不同方式即時回饋與激勵團隊成員，讓志工感受自己的貢獻並提升成就感。

　　上述步驟若能具體落實與執行，並且透過有效工具的輔助，將可讓組織達到事半功倍之效。

　　在組織中建構一個量化與質化的知識系統，讓組織中的資訊與知識，透過獲得、創造、分享、整合、記錄、存取、更新、創新等過程，不斷的回饋到知識系統內，便可以永不間斷的累積個人與組織的知識成為組織智慧，在組織中成為管理與應用的智慧資本，有助於組織做出正確的決策，以因應市場的變遷。一般來說，知識管理是一種漫長的經營策略，帶給組織的好處為：(1)創造組織新競爭價值；(2)增加組織利潤；(3)降低組織成本；(4)提高組織效率；(5)建立組織新文化。

 結語

　　社會福利的範圍，依據我國憲法增修條文第十條第八項規定，指社會救助、福利服務、國民就業、社會保險及醫療保健等工作。其規定國家應辦理之社會福利事項包括全民健康保險、維護婦女人格尊嚴、保障婦女人身安全、消除性別歧視、促進兩性地位之實質平等、保障身心障礙者及扶助其自立與發展、保障扶助原住民社會福利事業等。為落實立國精神以福國利民，社會工作盱衡社會發展

實況，實賴社會福利公私部門分工合作，強化社會工作管理成效與功能，鼓勵結合民間資源共同服務，以共建福利社會。

## 問題與討論

一、請說明社會工作管理的相關知能與技巧中，管理的基本概念的主要內涵。

二、請說明組織士氣激勵的主要內涵。

三、請說明非營利組織管理的主要內涵。

四、請說明志願工作的管理的主要內涵。

# Chapter 14

# 社會工作引介民間力量

前言

1980年代，西方的福利國家湧動著一股「民營化」（privatization）的潮流。雖然「民營化」這個詞彙和概念1983年才首度出現，但其透過政策擴散的效用，被社會發展視為是人類邁入二十一世紀主要的「大趨勢」。

 壹、社會工作民間的參與

所謂社會工作結合民間力量，是指政府將社會福利的供給，完全或部分轉移到民營部門，同時引入市場經營原則，如利潤導向、以價格機制調解供需，重視成本回收，並強調使用服務者的購買力和受益者付費等措施，以分配並利用服務資源。

一、民營化的含義

美國學者斯塔爾（Starr, 1989）將社會工作民營化的意義分成三個層次：

1. 將民營化作為一種理念（idea）：在這個概念下，民營化被視為是公私部門混合的福利供給方式，由政府與民間機制共同合作，對福利需求者提供服務。

2. 將民營化作為一種理論（theory）：在這個概念下，民營化被視為一種所有權的重新分配，經濟資源的再分配，並透過社區發展的方式將權利下放給民間，以減少政府福利的過度

負擔。

3.將民營化作為一種政策（political）：在這個概念下，民營化被視為對民眾申請福利給付的重新安排，將以往由政府扮演服務供給者的主要角色，逐步轉移給民間。

綜上所述，社會工作民營化的含義從理念到理論，到最後的政策措施，環環相扣，其內容不只是指政府活動轉移給非政府部門（如：家庭、雇主、商業市場、社會團體等），而且包括了由民間部門擴大參與社會服務，以及將市場原則運用到社會服務的供給。

## 二、民營化的發展方向

西方福利國家為了達到社會安全民營化，基本上是朝著三個方向發展：

1.逐漸減低對政府補助的依賴，回歸到以私立機構為福利服務提供的主體。

2.慈善事業逐漸加入商業色彩，以一種較新及更具盈利性的福利機構漸漸增加。

3.強調使用服務者需要付費，使社會福利原有的利他動機逐漸被取代。

上述發展方向，使社會安全的發展在趨勢上具有了過多的商業化色彩，儘管可以提升效率，但明顯的與社會保障理念有所差異，亦引起西方福利學者的質疑。

### 三、民營化的運作方式

### (一)主要方式

社會工作民營化的主要運作方式有：

1. 服務承包（contraction out）與出售公共資產：服務承包是民營化的最普遍做法，即將社會福利服務透過訂立契約的方式，委託給民間營利或非營利機構，由它們來提供社會福利服務。這種方法通常被稱之為「購買服務」。而出售公有資產是指政府部門將一些經營不善的福利服務機構的所有權出售給私人機構，由他們自主經營。

2. 補貼制度（grant）：政府為保障公民獲得一些最基本的生活需求服務，往往運用補助制度以減低其服務收費。如美國醫療機構長期接受政府的巨額財政補助，以便使低收入者也能享受較低價格的醫療服務。

3. 市場化（marketization）：消費者自行從民間市場選擇服務，政府完全不參與。但是，政府需要制定法律或規定來進行管理，以保護社會上的低收入者。

4. 抵用券制度（voucher）：即透過發放帶有現金性質的兌換券，讓接受公共服務的人在指定金額內購買所需要的服務，其目的是鼓勵他們對特定物品和服務的消費，並且能夠控制政府所補助資金的用途。

5. 使用者付費（user charges）：對福利服務使用者收取部分或全部費用，如果需要，也可提高收費標準。

6. 相對補助方式（with grant）：所謂相對補助方式，指政府為了鼓勵民間機構參與社會福利服務，而設立福利服務配套資

金，當民間機構自行籌措到一定資金後，政府可與民間按一定的比例共同負擔經費。

7.自助服務（self-service）：自助服務旨在鼓勵家庭、鄰里和朋友組成支持性網絡，恢復傳統及最有效率的自助方式。

8.提高申請福利服務資格的標準：為了緊縮社會福利資金，政府需要提高申請標準，使申請福利服務的人數下降，以減少福利服務的開支。

9.志願服務（voluntary service）：志願服務是由志願者經由慈善或志願機構，提供原本由政府負責的服務。

10.解除管制（deregulate）：解除管制是指政府在保留提供服務的責任的同時，儘量減少對民間參與社會福利供給的限制。鼓勵私營機構參與社會福利領域的競爭，促進社會服務效率和質量的提升。

## (二)主要模式

社會工作民營化之所以成為福利國家現行福利服務供給的主要模式，是與其能夠產生如下的積極效果有關：

1.提升了效率：透過各自委託方案的競爭，選取較為有效率的方案實施，能夠提高服務供給的效率。

2.增加了私人投資：即將公共部門的支出轉移給私人自行儲蓄或投資，有助於資本形成。

3.民間提供的服務成本較低且較具彈性，可以配合不同群體的需求。

4.有助於限制政府科層體制的過分龐大。

5.有助於增加福利消費者的選擇自由。

6.可以激發社區居民的參與意識。

社會福利民營化儘管取得了相當的成效，但也存在著許多缺失：一是、由於重視成本回收，強調使用者付費，導致無力付費者得不到服務；二是、由於付費能力分級，使廉價服務者烙上貧窮標籤，造成階級對立；三是、由於社會福利服務的商品化，使傳統利他、互助與關懷的情操逐漸受到腐蝕等。

 **貳、社會工作民營化趨勢**

### 一、帶動綜合性社區發展

福利國家社會工作民營化具體表現為：第一，強調要逐步減少政府直接提供社會福利服務的角色，鼓勵更多的民間機構和個人興辦並提高福利服務，利用市場機制提高服務質量，以滿足民眾的不同需求。第二，運用了社區這一重要的載體。社會福利民營化中，較為典型的經驗首推英國實施的社區照顧。英國社會福利界深刻反思了「院舍照顧」存在的問題，配合政府福利資源與權力下放的政策要求，提出在社區照顧和由社區照顧，結合社區內非正規資源系統，配合正規服務，為老年人、兒童和精神病人建立起了社區支援網絡，營造了關懷社區，成為社會福利民營化的重要實踐成果，並帶動了綜合性社區建設的發展。

### 二、朝向公私部門的分工合作

社會工作制度的民營化，即是朝向社會福利公私部門分工合

作。所謂的公私部門分工合作,在我國,就是推動社會福利業務委託民間辦理。由於社會安全業務委託民間辦理可以縮小公共部門的擴展,並增加行政預算的彈性、降低生產成本等,所以我國從1990年代後採取公設民營的模式。對於我國社會福利民營化政策的討論,原則上以1997年內政部公布的「推動社會福利民營化實施要點」作為基準。此要點開宗明義指出,其目的是為結合社會資源,委託民間共同推展社會福利服務。以台北市公設民營為例,真正促成民營化的條件,在於政府的人事精簡政策減少公務人員的進用,使得當時諸多福利機構的經營出現困窘;再加上公民主義及社區主義的論點,鼓勵結合民間資源共同行事,促成社會福利擴散效應。由於政府陸續公布「政府採購法」、「行政程序法」、「促進民間參與公共建設法」等,加強福利業務委託民間辦理之法制基礎。

在精簡員額的影響下,長期以來社政部門的主政者一直很清楚在體制內新增組織或增加員額之困難度,因此朝「公辦民營」方向規劃更為精確,強化以「行政業務委託民間辦理」為行政革新的主要策略,作為政府的政策,更有效約制了社會福利服務輸送各種可能模式的選擇,與最符合資源有效運用及人民利益的組合方式。

西方國家社會福利民營化興起的動機主要有兩個:一是福利國家的危機,特別是過高的福利開支造成的財政危機,民營化的目的是削減福利開支,減輕政府的財政負擔;二是高額的福利支出與服務效果並沒有成為正相關,所以民營化也旨在強調現有資源的最大效益化使用,包括服務成本的降低、服務效果的提高、服務品質的改善等。社會工作結合民間力量能夠順利實施,依託於三個重要條件:(1)非政府社會福利機構的成熟;(2)市場機制的完善;(3)服務人員的專業化。

首先,從非政府社會福利機構看:綜觀西方社會福利發展史,

我們可以瞭解到歐美國家早期社會福利的主要責任，是由家庭、社區與民間慈善機構（如：教會）負擔，從1930年代開始，政府才慢慢取代家庭和社區，扮演福利提供的重要角色。而在政府介入福利提供過程中，民間慈善組織機構並沒有從福利提供中退出，而是與政府以夥伴關係合作，提供福利服務，並逐漸由施捨救濟型慈善機構，發展為具有相當數量和規模、能夠提供多元化專業服務的社會福利志願團體或非政府社會服務機構。由於這些機構在各國福利服務中的作用愈來愈凸顯，因而政府在民營化浪潮之前，就委託專業的民間機構提供直接性服務，政府則給予制度化的經費資助。可見，非政府社會福利機構的成熟，使社會福利民營化成為可能。

在我國，從歷史傳統上看，雖然民間的士紳階層和宗教團體都有過施粥、福田等慈善活動，但相對於官府（政府）行動而言，則顯得相當分散和零星，且沒有得到政府的扶持。所以非政府組織是一個尚待發展的領域。基於此，社會福利民營化的過程，就有賴經由成立、培育民間團體（如有政府推動成立半民間化的社會服務團體，或民間自發形成團體並逐步演化或規劃為非營利機構）的過程。

其次，從市場機制看西方國家，大都是經濟實力雄厚，並且伴隨著百餘年的自由經濟和市場積累而成的，市場機制相當完善。其具體表現，除了政府、企業、公共機構和個人都有普遍的市場意識，使得市場潛力得到了有效的發揮之外，另外則是有嚴格的市場運行規則，即經由一系列法律、法例、制度、規則、條例約束和規制市場行為。借鑑西方的民營化道路，從服務人員的專業化看，社會工作專業因具有職業權威地位，社會工作者也成為推動社會福利制度與達成社會福利目標的主要人力資源。專業化效益主要體現在以下幾方面：一是社會工作者有著自身專業特有的價值觀念和職業

倫理，維護社會平等，追求社會公正；二是社會工作者並經專門化的訓練，具有服務人群的專業知識、技術和方法，因此在社會政策的制定、實施以及社會服務的傳遞過程中，保證了服務質量的不斷提高；三是社會工作本身擁有專業自律機制，透過專業組織和註冊制度等，依法維護服務對象和社會工作者的權益。

 ## 參、非營利組織蓬勃發展

### 一、特質

全球化的浪潮下，跨國企業、跨國政府組織以及國際性的非政府組織，成為世界權威活動的三個重要力量。1980年代中期，全球約有一萬七千個國際性非政府組織。隨著非政府組織進行全球接軌，而使得國際性的非政府組織多到難以計數。非營利組織（Non-Profit Organization, NPO）係指除政府與企業部門以外的正式組織團體，主要係指民間部門中非以牟利為宗旨之各類組織。非營利組織的名稱係來自於美國之「國稅法」（Internal Revenue Code, IRC），該法將非營利組織定義為：「非營利組織係為組織之一種，該組織限制將盈餘分配給組織的人員，如組織的成員、董事或是理事等」，且依該法第五○一條第C項第三款規定：「為公共利益服務而給予免稅鼓勵的團體，包括教育、宗教、科學、公共安全等」。非營利組織是指不以營利為目的的組織，它的目標通常是支持或處理個人關心或者公眾關注的議題或事件。非營利組織所涉及的領域非常廣，包括藝術、慈善、教育、政治、宗教、學術、環保等。非營利組織的運作並不是為了產生利益，受到法律或道德約

束，不能將盈餘分配給擁有者或股東。因此，今日社會中，非營利組織有時亦稱為第三部門（the third sector），與政府部門（第一部門）和企業界的私部門（第二部門），形成三種影響社會的主要力量。非營利組織還是必須產生收益，以提供其活動的資金。但是，其收入和支出都是受到限制的。非營利組織因此往往由公、私部門捐贈來獲得經費，而且經常是免稅的狀態。私人對非營利組織的捐款有時還可以扣稅。慈善團體是非營利組織的一種，而非政府組織（NGO）也可能同時是非營利組織。依照台灣「民法」的規定，非營利組織主要可分為社團法人和財團法人兩種類型。以下歸納出非營利組織之特質：

## (一)合法免稅

多數國家政府皆於法律中規定非營利組織有其免稅之優惠，且捐助人亦可享有減稅之待遇。

## (二)正式組織

具有某種程度的制度化，而非臨時或非正式民眾的集合體，同時亦須經由政府法律的合法認定，因而非營利組織具有法人的資格。

## (三)民間組織

不屬於政府的部門，即非經由政府財源所成立，亦非由政府公職人員所經營，但此並非意指非營利組織不得接受政府支持，或是政府官員不能成為董事；此強調重點在於非營利組織應為民間人士所組成。

## (四)公共利益

非營利組織所提供的服務應屬公共利益之性質,以服務公眾為使命,而不以營利為目的。

## (五)限制利益

非營利組織經營所獲取之利潤,須用於該組織之服務,不得分配予個人或是董事。

## (六)志願成員

非政府組織往往都能利用媒體來廣泛引起公眾對其見解的關注,並影響政府或企業的作為,值得注意的是,非政府組織的成員是將各式各樣的人因為某種目的而集合在一起。因此,除少數為支薪之基本成員外,多數為志願參與的人士所組成,特別是由志願人員組成負責領導之董事會。

## (七)自我治理

非營利組織乃為自我管理性之組織,有其內部管理的制度,不受外在團體的支配。

## 二、類型

非政府組織是一個不對政府負責的自治組織,一般而言,它們是為了共同的利益或者是出於明確的道德和政治因素考量,而積極地去激發世界的輿論。

根據學者陳金貴的分類,全球的非營利組織大約有七種類型:

## (一)衛生醫療

衛生醫療包括醫院、診所、醫護和個人照顧設施、家庭健康照顧中心及特別洗腎設備等,此類型組織財源多係來自於政府的衛生費用及民間捐助。

## (二)教育服務

教育服務包括中小學教育、高等教育、圖書館、職業教育、非商業研究機構和相關的教育服務等,此類型組織財源多係來自於政府補助,其次為使用者付費及民間捐助。

## (三)社會服務

社會服務包括托兒服務、家族諮商、居家不便者的照顧、傷殘職業重建、災難救助、難民救助、緊急食物救助、社區改善等,此類型組織主要以助人為服務方式,而財源多係來自於政府之社會服務預算,其餘來自使用者付費及民間捐助。

## (四)公民團體

公民團體包括抗議組織、人權組織、社會組織等,此類型組織扮演政策倡導之角色。

## (五)文化團體

文化團體包括樂隊、交響樂團、戲劇團體、博物館、藝術展覽館、植物園及動物園等,此類型組織財源一方面來自於收費和賺取的費用,一方面來自於民間捐助和政府支持。

## (六)宗教團體

宗教團體如放生念佛會、慈濟功德會及許多基督教會等，此類宗教組織提供各種公共服務，對象以教友為主。

## (七)基金會

此類型組織存在之目的是以財務來支援其他非營利組織，又可分為四種型態：獨立基金會、企業基金會、社區基金會及運作型基金會（此基金會15%以內之收入用以支援其他非營利組織，而基金會本身亦會實際執行相關業務）。

 **肆、社會工作民營化作為**

社會工作民營化具體包括管理及服務的民營化。這是因為寓管理於服務之中，透過服務促進管理，管理與服務構成了社會工作的兩個方面。

## 一、服務的民營化

社會福利機構保障社會特定群體和大眾基本生活權益，從而體現社會安全保障的宗旨。向社會開放，擴大服務範圍，有利於提高資源的利用率，增強自我發展的能力。同時，也符合社會工作維護民眾基本生活權益的目的。推展服務民營化，將有助於民眾及專業團體參與服務網絡的擴大。發展志願者活動，是推行服務民營化的重要途徑，志願者是指那些不為報酬和收入，志願承擔社會責任的

人，協助解決社會問題，用以補充社區工作人員和社會服務人員的不足。

## 二、管理方式的變革

民營化是指政府部門應進一步轉變工作職能、工作方式、工作方法，逐步建立民營化的管理體系和運行機制，形成政府部門宏觀管理、社會團體和其他非營利機構參與的成效。

1. 建立完善的專業管理制度，改變來自政府單一作為的既有模式。
2. 制定法規和政策並指導方案的實施，是政府有關部門督導專業規範的重要依據，強化對受委託組織的監督。
3. 發揮社會團體在管理中的作用，專業管理中的許多具體工作轉移給專業協會。
4. 政府工作職能的授權和委託，要加強對相關社會團體和其他非營利機構的培育，根據工作的需要，積極而又穩妥地實行權責委託。
5. 鼓勵非營利組織的參與，社會福利對象大都在基層，任務主要在基層，落實也靠基層，所以需要人民群眾的參與。

在發展基層政權和基層群眾自治組織建設工作中，要依靠基層群眾自治組織，結合在地的力量，把相關的工作政策和任務加以具體化，推行基層群眾的自我管理、自我教育、自我服務。

社會工作朝向引進民間參與，亦有助於資金來源的多元化，提高社會資金籌集活動的法制化、規範作為。強調投資主體的多元化，鼓勵和支持社會各方面的力量投入興辦社會保障相關事業，形

成多種形式共同舉辦社會福利的規模。

 結語

　　從西方福利國家社會福利民營化的趨勢中，可以發現兩項主要的特質：一是都強調要逐步減少政府直接提供社會福利服務的角色，鼓勵更多的民間機構和個人興辦並提高福利服務，利用市場機制提高服務質量，以滿足民眾的不同需要。二是借重社區為落實民營化的機能。但是我們也觀察到民營化是發生在政治、經濟、社會和文化傳統較為健全的環境。因此，不論是迫於福利國家的危機，或是迫於財政匱乏與需求增長的矛盾，如何運用市場機制的完善以及社會福利工作人員的專業化程度，皆是形塑社會福利施為變遷的主要原因。我們必須在充分研究、比較分析福利國家民營化的基礎上，才能為民營化的措施規劃出具有特色的福利服務網絡。

 問題與討論

一、請說明社會工作民營化的主要運作方式的內涵。
二、請說明福利國家社會工作民營化的具體表現為何。
三、請說明非營利組織管理的主要內涵。
四、請說明社會工作民營化作為的主要內涵。

# 第 五 篇

## 願景篇
### ——藉專業發展，以寬廣社工視野

# Chapter 15

## 社會安全制度的建立

前言

　　社會安全主要目的為透過政府和社會大眾之集體力量，利用社會資源，協助社會中之個體，能在具有社會保障制度下生活及生存。社會安全保障是現代社會的一項基本制度。社會是由人組成的，每個人在其一生中，都會遇到生、老、病、死的問題，同時也難以避免傷殘和失業的風險。而這些問題和風險所造成的經濟困難，如依靠個人和家庭的力量是難以抗拒和承擔的，這就要求建立起在個人責任基礎上的社會互濟保障制度。在不同社會制度的國家，儘管建立和實行社會保障制度的目的和方式有所區別，但都把社會保障作為維護社會安定與發展社會經濟的一項基本社會制度。一個沒有社會安全保障的國家，很難想像如何維持一個社會的正常運轉。社會安全保障是社會運行的必要條件，以實現資源的合理配置，達到社會公義的實踐。

 壹、社會安全制度的建立

### 一、涵義

　　「社會安全」一詞，最初是1935年在美國的「社會安全法」（The United States Social Security Act）中使用，該法涉及老年、死亡、殘病和失業等內容。這樣一個概念，確切地表達了全世界人民最深切、最廣泛的願望。雖然，社會安全的產生已經有了相當長的歷史，而且在今天已經成為世界主要國家運行中不可或缺的環節。

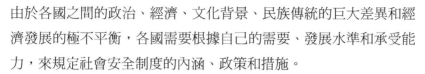
由於各國之間的政治、經濟、文化背景、民族傳統的巨大差異和經濟發展的極不平衡，各國需要根據自己的需要、發展水準和承受能力，來規定社會安全制度的內涵、政策和措施。

社會安全其內容係以社會保險為主，社會救助、福利服務為輔；目的在保障國民由生到死的生活；其功能是使工作者在遭遇到威脅其薪資收入的事故時，仍有足以維持其基本生活的費用。以往社會安全工作係由私人施捨、慈善者同情、家族照顧、雇主恩惠等加以負擔，今日則成為政府的職責。因為，政府的基本責任不僅須照護民眾免於凍餓，同時，由於社會安全的實施，將保障勞動者的安全，消除貧困、疾病的影響，以促進生產效能，並用以維持國民消費能力，維繫經濟繁榮，達到民生均富、安和樂利的目標。國際勞工組織（ILO）對「社會安全」一詞下的定義是：「社會透過一系列的公共設施，為其成員提供保護，以防止因疾病、產期、工傷、失業、年老和死亡，致使停止或大量減少收入造成的經濟和社會困難，提供醫療和為有子女的家庭提供補助金。」這一定義包含了以下幾層意思：

1.社會是舉辦和實施安全保障的主體。
2.社會安全必須透過建立一系列的公共設施來實現。
3.社會安全的對象是社會全體成員。
4.社會安全的目標是防止因疾病等原因，導致工作停止或大量減少收入造成的經濟和社會困難，並為其提供醫療，為家庭提供補助金等三個方面。其實質是為社會提供一穩定機制。

社會安全制度是由國家透過立法和行政措施設立的，旨在保障社會成員的基本生活需要，促進社會經濟發展的一系列制度的總稱。它一般包括兩層涵義：其一，社會安全制度是以立法形式確定

的，由國家對社會成員的最低生活水平、基本生活權利予以保障，並在其成員生、老、病、死、婚、育時，提供補償的經濟保障制度；其次，社會安全制度是經由人民收入的分配和再分配，而直接或間接實施的一種社會安全制度。

## 二、範圍

關於社會安全的範圍，國際勞工組織強調社會安全制度中的內容包括：社會保險（social insurance）、社會援助（soial assistance）、由國家財政收入資助的補助金（benefits）、家屬補助金（family benefits）、儲備基金（providents-funds），還有雇主規定的補充年金以及圍繞社會保障發展的輔助性或補充性計劃。根據近年來社會安全體制的改革實踐的進展和需要，認為新型社會安全體系，按照資金的籌集方式和保障目標分類，大致由三大領域構成。

1. 由國家立法強制實施，且由三方或兩方承擔資金的社會保險。具體實施項目有：養老保險、失業保險、醫療保險、生育保險、職災保險。
2. 由國家財政支撐的社會保障項目。具體實施項目有：社會救濟、社會福利、社區服務。
3. 由遵循自願原則，以營利為目的的商業保險。具體實施項目包括個人投保、企業投保和互助性保險三項。它適應社會需求多層次的特點，當「雪中送炭」型的社會保險建立之後，「錦上添花」的需求則經由商業保險來滿足，這是社會保險的最重要補充。

論及社會安全制度的起源，可溯及工業革命，因工業生產大量增加，以致造成生產與消費失調、貧富差距加劇等情形，工資制度形成勞資對立情勢，有助於共產主義的勃興。歐美各工業國家為防止並消弭這種社會病態的產生，便由政府訂定各項社會安全制度，並以社會福利為號召。而美國於1929年遭逢空前的經濟恐慌，失業人口驟增，羅斯福以「新政」（New Deal）為號召，當選總統後，即致力於研討經濟社會根本改革方案，於1935年創立社會安全制度。不數年間，消除了經濟危機並創造社會繁榮景象。因此，第二次世界大戰後，各民主自由國家相繼建立社會安全制度。是以社會安全制度的起源與發展，可以說是來自社會改革、經濟發展及政治演變的影響。影響所及，世界各國社會安全制度，大致上可區分為下列五大部門，分別為：(1)老年、殘廢、遺族；(2)疾病與生育；(3)職業災害；(4)失業；(5)家庭津貼。由於社會安全制度的範圍廣泛，並且與一個國家的政策、政綱，民族的歷史與文化，社會的風俗與習慣，和國民的財富與生活等有密切關係，以致各國的社會安全制度各有不同的類型與範疇。

社會經濟安全保障涉及的範圍相當廣泛，就生命周期來看，從出生到死亡的每個人生階段，都可能遭遇各種不同的社會風險，例如生育、疾病、失業、傷害、老年、死亡等，為避免掉入貧窮的困境，故需要健康照護、就業安全、退休年金等各種保障制度，以及相關的救助與福利服務等措施，作為必要的生活保障機制。在社會福利思潮興起之後，這些制度已成為一個國家進步發展的重要指標，尤其是在1997年的東亞金融風暴之後，由於其所衍生的對社會面的衝擊，特別是缺少社會安全機制的國家或地區，促使各國普遍正視社會安全機制在整體國家建設中的重要角色。美國學者法瑞爾（Chris Farrell）在《通貨緊縮：當價格下跌會怎樣》（*Deflation:*

*When Recession in Price Can Be What Kind of*）一書中，提出了許多重要的見解，例如認為通貨緊縮時刻，也是各國在困境中進行改革、伺機彈跳的時刻。而可能更重要的，乃是救經濟不能不以救社會為前提，必須在通縮時代努力完善「社會安全網絡」，它可以讓一個社會有足夠的穩定力量來應付未來的挑戰；必須在通縮時代強化政府，特別是強化政府的「動力性格」（kinetic），而這毋寧是推廣社會安全機制最感迫切的課題。健康維護及老年經濟安全保障，是現代社會安全體系中最主要的項目，是國家現代化的重要指標，也是政府的重要職能之一。特別是在社會經濟結構已產生鉅幅轉型的現代知識社會，工業生產模式與都市社會結構，更使得國民安全保障網絡的建構愈趨重要。

##  貳、社會安全制度的內容

憲法為國家的根本大法，也是人民權利保障書，自然是一個國家施政的主要目標。我國憲法第十三章基本國策的第四節，便以「社會安全」為專節，明訂政府應於民眾基本生活上提供必要的保障。其所保障的程度，則以維持國民最低生活水準為原則，就其主要內容可略述如下：

### 一、社會保險

社會保險是為考量對國民生活上的保障，乃由政府舉辦。德國於1883年所推行的「疾病保險法」，為社會保險的開端。社會保險之所以為各項社會安全計劃中最主要的部分，是因為有其功能，它

除了可共同分擔危險之外，尚具有以下功能：

## (一)國民勞動力的維持

參與保險者遇及疾病、傷害時，能獲得醫療上的診治與經濟上的補助，使其恢復勞動及生產能力，繼續從事工作，而國家的總體經濟力量亦可獲得維持。

## (二)國民身體損害的賠償

參與保險者因故致身體殘廢或死亡，其本人或遺族可獲得賠償，用以度過餘年及維繫生機，免除匱乏的危機。

## (三)國民儲蓄能力的培養

保險是要求具有工作能力者，自其平日所得收入，繳納小部分的保險費，經日積月累，及至年邁退休，可得退休金以安養晚年。

## (四)財富的重分配效果

保險金的繳納，除由工作者負擔外，事業雇主亦負擔部分。當被保險人發生保險事故時，均可獲得保險給付。此種方式，可使財力雄厚者透過保險方式以補助財富不足者。

社會保險的保障範圍，主要是以人生歷程中可能遭遇的各種事故為考量，因此實踐了社會安全理念由搖籃到墳墓的保障。其保險事故的類別，大致上分為生育、傷害、疾病、殘廢、失業、家庭津貼、老年及死亡等八類，並視其情形予個人或家屬免費醫療或金錢補助，以維持生計。

## 二、社會救助

　　社會救助亦稱為公共救助，是政府以資金扶助老弱、孤寡、殘疾等無力自謀生活的國民，獲得最低生活，並進而使其自立謀生的福利措施。該資金大多數是來自政府的預算，受領資格以生活窮困為基準，因此其資格的確定往往須經過專業人員的調查。社會救助的主要內容，包括家庭救助、免費醫療、急難救助、教育補助、收養保護、借住住宅、喪葬補助、職業輔導、創業貸款。社會救助的目標是希望經由濟助力式，增進個人幸福，並對社會有所貢獻。即「化無能為有用」，達到「老而不衰，殘而不廢」的理想境界。

## 三、家庭津貼

　　家庭津貼制度緣自法國，原是私人企業為減輕工人子女眾多造成員工的負擔，遂採取家庭子女補助辦法。其後，由政府採納，正式制定法律，普遍實施，以減輕家庭因撫育子女產生的困窘。及至各國漸次重視社會福利的發展，將此種撫養兒童的責任，轉由國家或社會共同負擔，用以維持一般子女較多家庭的基本生活，並保障民族的新生力量。

## 四、兒童福利

　　兒童福利事業的發展，是源於英國十五世紀的同業公會組織，該組織對貧苦兒童加以濟助，乃對參加公會會員家庭的孤兒寡母予以照顧。其後，許多西方先進國家頒行兒童福利辦法，以達到對兒童的保護及照顧。由於兒童是社會未來希望的寄託，因此必須促進

兒童身心健全發展，培養其完整的人格與情操。是以兒童福利的積極意義，是在周延的「生、養、教、保」原則下，使兒童有合理健全的生活；至於消極方面，是禁止妨害兒童正常的發育與應享有的權利。

## 五、醫療衛生保健

一個社會提供醫療衛生保健的照顧，最早來自於慈善濟助的立場，由教會施捨醫藥，以救濟無力就醫的貧民，至1911年瑞士率先實施公醫制度，並相繼受到紐西蘭、英國、澳大利亞、愛爾蘭的響應，確立了政府對醫療衛生保健工作的責任。政府介入醫療衛生保健工作，並視為社會安全的重要環節，係該工作在積極上可增進民族健康，使國民體格臻於健全，進而延年益壽。是以強調社會安全的國家，對其國民由生到死的健康保健，均由國家負責，以確保國民身、心健康得到保障，並有助於社會的穩定發展。

## 六、國民就業輔導

在美國發生產業革命之前，人類的生產型態為農業，工作簡單，分工粗略，就業容易，因此並不需要就業輔導機構的設置。及至工業革命之後，生產方式快速變遷，國民就業產生困難，於是就業輔導的工作才應運而生。就業輔導工作，就是辦理人才供需的工作。其目的在使「人盡其才，人盡其用」，給予必要人力適當安置，以發揮其才能。是以就業輔導工作的推展，對於教育革新，以配合社會環境的需欲，乃至社會進步、經濟繁榮等，均有甚多助益，所以為世界各國在推展社會安全時的重要政策。

## 七、國民住宅

國民住宅政策，起源於1842年的美國，當時該國紐約市的「改善貧民生活協會」，為了改善該市貧民區的污穢住宅，乃進行一連串的措施。影響所及，促使全美各大城市制定房屋法案，以及各國現行國民住宅立法的精神。其目的在推行國宅政策，給予一般民眾能獲得適當的、衛生的、安全的住宅。該國民住宅政策的方法，包括政府興建平價國宅，以出租給收入微薄的低收入戶；運用低利的住宅貸款，提供改良住宅品質的國民；拆除貧民區住宅，補助民眾遷移至新建的住宅區；獎勵民間業者興建國民住宅；出售廉價的國宅等。以期使每一國民均能享受合適的住宅，以增進國民健康，提高國民生活水準，達到社會安全的目標。

##  參、社會安全制度的實施

誠如憲法前言所述，「中華民國憲法」是依據孫中山先生創立中華民國之遺教而制定。是以我國社會安全制度的實施，係以民生主義的基本精神為張本，以「均富」為目標。所以，「社會安全制度為達到均富的途徑，民生主義則為實踐社會安全政策的指導原則。」為達到社會安全體系的建立，政府曾先後頒布社會安全政策，以作為推行該工作的重要藍圖。

我國社會安全支出，包括社會福利支出（社會保險、社會救助、福利服務、國民就業、醫療保健）、社區發展及環境保護支出、公務人員退休撫恤支出等項。近年來，隨著全球思潮及民眾的高度期待，使得政府施政方針更強調以人民福祉為優先，並全力推

動社會福利工作，以建立現代福利國為願景，故在社會安全經費支出方面亦大幅增加，並且先後訂頒了「兒童及少年福利法」、「老人福利法」、「身心障礙者權益保障法」、「社會救助法」、「勞工保險條例」、「公教人員保險法」、「全民健康保險法」、「國民年金法」等，以建構我國社會安全體系，達到民生主義揭示的理想。

在現代化的衝擊下，社會結構與價值觀已經產生重大改變，未來隨著子女數日減，以及同住意願的下降，父母與子女同住的家庭結構將日益減少。而且由於生育率已逐年下降，家庭子女數減少，未來老人夫婦家庭比率將增加，老年父母與子女共同生活的模式將愈來愈難以期待，老年人獨居比率必然不斷升高。由人口結構的轉變，讓我們不能不正視未來老年經濟安全問題，無論個人或社會，均需要現在就為未來做準備。

現行的這些經濟安全保障制度，固然有其歷史發展之背景，但以今日的社經結構與世界潮流之發展予以檢視，顯然仍存有許多不夠周延的地方，難以滿足現代社會的需要，而必須持續進行檢討與改進。例如現行退休制度中，不論是各種社會保險制度，或是公務人員退休撫恤基金、勞工退休金等，領取老年給付最低年齡之規定均偏低，與當前及未來的人口結構變化顯已不合，對於制度之潛在財務衝擊，尤須予以重視。另外，各種退休制度均以特定對象為主體，各自獨立運作，彼此間缺乏年資轉換機制，轉換退休制度者，老年給付權益未能獲得充分保障。特別是在現代的就業市場中，職業流動日趨頻繁，退休制度與就業市場之間，已出現明顯之扞格現象。由於公、私部門退休制度缺乏轉換機制，影響人才流動問題，可是人才之引進，又關係到競爭力的問題，所以各界日益關切。

當前世界各先進國家為因應新世紀的社經結構發展，特別是

新的經濟形勢所引起的就業市場結構的變化，以及人口老化的衝擊，均積極進行退休年金制度的改革，以期調整制度的財務結構，以化解潛在的可能財務危機。由於各國制度的提撥費率已高，在調整費率的空間有限的情況下，多朝給付面之條件進行檢討，諸如延後給付年齡、修改計算公式、納入資產調查等。惟制度的改革並不容易，各國對於退休金制度的改革，多歷經長年的討論、爭辯、抗爭，並不易在短期間即有所成就。轉換為個人帳戶制的典型國家——智利，其後續的表現亦令許多專家擔憂，傳統的保障模式亦非毫無可取，最適合的社會經濟保障體系，仍須取決於整個國家社會的各種條件，以全體國民之共識為基礎，發展出合乎國情需要之模式。

基本生活保障體系，是政府與民眾應合力達成的社會架構，在這個架構當中，不管是政府、企業或民眾個人，均各有其應該扮演的角色與職分，作為國家公共政策的推動者，確立清楚的責任分際與制度規範，作為大家共同遵行的準則，是重要職責。政府推動社會政策，是為了要解決社會問題，但制度建立之後，可能因為民眾行為的改變、制度設計本身的缺陷，或是社經環境的變遷，而產生新問題，以致誘導民眾走向與制度精神背道而馳的方向，導致結果不盡符合原訂目標。農保就是一個具體的例子，政府為了增進農民的生活福祉而建立了農保制度，可是由於立法過程中的政治影響，使得農保年年虧損，成為政府財政的一大負荷。因此，制度的創建與營運，一定要有長遠與前瞻的思考與作為，才有可能永續發展，真正達到為民眾謀福祉之目標。

結語

　　社會安全的建置與推展是在預防、減輕或解決社會問題，增進個人、家庭、團體及社會之福祉，以提升民眾生活品質，並促進國家建設整體發展。2008年諾貝爾經濟獎得主克魯曼（Paul Krugman）於所著的《下一個榮景：政治如何搭救經濟》（*The Conscience of a Liberal*）一書中提出：「當全球發生重大的經濟及社會問題時，欲引導解決之道，乃是大膽追求擴張社會安全網，並減少不平等的自由主義計劃，重新形塑社會政策的公共辯論，揭櫫政府應扮演好維繫社會穩固的角色，警醒世人勿冷漠對待社會經濟不平等議題，錯失改善良機。以期能寄望重返失落的天堂，迎接下一輪太平盛世。」強調宜從根本上改變政府與其人民之間的關係，在我國社會已逐步邁向「M型社會」及「高齡化」的時刻，社會福利服務體系的建構，必須根植於下述兩項基本精神。第一是免於匱乏的精神：社會福利起源於人類互助的概念，其出發點在尋求免於匱乏，使人人可得到生活上的基本滿足，並具備公允的社會競爭規則，以實踐自我。第二是自助助人的精神：實施社會福利的目的，是經由團體的力量以協助個體，使其得到自立自強的結果。是以社會福利的運作應本著「取諸社會，用諸社會」，方能使整個體系穩健、良性的運作。如能本諸這些精神，將可促使我國漸次邁向福利國家的目標。

# 問題與討論

一、請說明社會安全的內容。

二、請說明社會安全制度的內容。

三、請說明我國社會安全制度實施的主要內涵。

四、請說明我國社會邁向「M型社會」及「高齡化」的
時刻，社會福利服務體系的內涵。

# Chapter 16

## 社會工作的理想願景

前言

　　自有人類以來，就有「社會福利」的概念；遠在洪荒世界，人們必須依賴平日儲存糧食以備不時之需。發展至農業時期，大家族的多子多孫觀點，其目的之一也是在「養兒防老」。及至工業社會，受到社會型態的改變，家庭已不再是保障個人的藩籬，由政府和專業機構起而代之扮演著社會福利的角色。尤其是自「福利國家」的觀念推廣開來，福利服務工作成為民眾的共同期待，也是政府責無旁貸的職能，其目標即為建立社會安全的必要機制。

 壹、社會福利制度的建立

　　為了回應聯合國「人權宣言」中所言：「每個人均為社會中之成員，且有享受社會安全保障的權利。」世界各先進國家無不致力於社會安全制度的建立。然而，由於國情的差異、政經的發展程度，著重內容亦有所區別。如西歐等國偏重社會保險，澳、紐著重社會救助，英、美、加則兩者並重。總體而言，社會安全制度是以社會保險及社會救助為主，以兒童福利、衛生保健、國民就業、國民住宅、家庭津貼等為輔。其所保障的程度，則以維持國民最低生活水準為原則。

　　傳統的社會保障形式，主要是透過家庭內世代間資源的移轉，其關鍵取決於家庭相互扶持的能力與觀念。在現代的社會結構下，經濟安全則已不純粹是個人、家庭、企業或國家的責任，而是需要集體的共同努力。因此，有必要將這種關係與定位予以釐清，一方

面要能發揮社會集體之機制，提供全民基本生活的保障，另方面亦要能兼及個人義務與努力程度的公平原則。基本生活的保障，由於涉及社會集體連帶的觀念，其所需成本宜由社會全體共同承擔，課以國家最終的保障責任，這也是政府規劃國民年金制度的最主要精神，由政府為全民建立經濟安全保障制度作為機制，結合社會群體力量，讓每位國民在此一經濟安全保障體系當中，各有其權利與義務之關係與定位，立基於自助、互助、人助的基礎上，保障每位國民老年基本生活需要。至於社會弱勢人口（低收入者），以及特殊群體（兒童、孕婦、老人、身心障礙者），不管經濟再繁榮，此類對象必然存在，而且其苦難並不必然可以歸責於個人，仍然含有許多社會因素在內。因此，基於社會外部效應與當事人特殊生活成本之考量，國家為維持機會均等與公平正義，社會救助與社會津貼制度成為經濟安全保障網絡中的一項環節。至於就業者在工作期間，因就業機會緊縮，或因產業結構調整，所可能導致的失業風險，也非個人所可充分掌控，而需要就業安全體系（創造就業機會、職業訓練、就業服務、失業保險）作為防範與緩衝機制。

社會保障是超越國家基本經濟安全保障水準以上的責任問題，已不純是社會集體與互助的關係，亦含有個人的努力與企業的社會責任，而應由雇主及個人，在其工作期間，依其努力程度來共同達成，其給付水準應與工作所得有密切關聯。由於員工與雇主是共生關係，員工是企業成長與發展的最重要資產，為安定員工的工作以發揮其能力，提供適度的退休保障制度是企業必要的職責，亦應視為吸納人才的有效作為，而政府作為國家的資源管理者與機會均等的維護者，在這個層次的職能，應致力於創造與維護一個優質的投資環境（包括：合理妥善的社會安全制度），讓企業經營者願意投資並繼續經營下去，為民眾創造更多的就業機會，同時有效規範

其運作，確保參與者應有的權益，包括投資者的成本與受雇者的保障，甚且提供必要之優惠給予鼓勵。社會安全保障是由歷史逐步演進而成，根植於個人理想的生活形式，因人而異，也非政府或企業所可干預，例如簡居山林之人，並不能以擁有實質貨幣的多少來論斷其生活保障問題，其他如個人投資儲蓄的理財觀念，規避風險與危機的思想，家庭關係與親友網絡的經營等，幾可說多屬個人事務的範疇，國家所可著力者，則為透過社會教育，提倡尊親敬老風氣，灌輸危險共擔及生命共同體觀念與作為。

##  貳、社會福利推動的理念

「社會福利」，已成為全世界追求的目標。這是一種以協助個人與社會環境的相互適應，以便獲得生活健康的適當水準為目的的有組織活動；通常是由公私立機構或團體，運用組織及系統的方式，提供公共福利的社會服務。其福利服務工作的項目，包括就業安全、社會保險、國民住宅、醫療保健、社會救助等。社會福利儘管為現代人所重視，然其思想淵源可追溯至希臘時代，並隨著社會變遷而有所差異。早期的思潮源流，有來自希臘時代的幸福論，認為幸福應與別人共享而得；羅馬時代的責任觀，認為富有的人有責任幫助窮苦及不幸的人；希伯來時代的公正觀點，認為個人應依其需要享有資源的提供，並主張以大同的分配原則，如健康、教育、住宅、營養，並且主張此種保障是基於每個國民的基本權利，而不是慈善的施捨。

社會工作知識或理論的落實，乃是鑲嵌於人群服務或政策實施的脈絡當中，亦即知識的有效性反映在對於人群服務的助益。另

一方面，社會工作專業之發展需要有系統的理論引導，提升服務的專業性與責信，因此理論（模式）發展與實務發展二者應形成一種「引導—驗證」的循環關係。認識理論模式與實務之間相互回饋的關係，乃是提升此領域發展的重要議題和任務。

### 一、功能論觀點

社會福利用於社會體系中的整合制度，其重要性在促進社會的效率、程度、秩序與和諧。因此，社會福利的實施將有助於社會的團結及利他精神的發揮。持功能論的觀點主張可概括為三個主要的方向：(1)認為經濟發展水準為福利國家發展的基本原因；(2)隨著工業化程度，政府於社會福利服務上將逐漸擴大與深化；(3)社會福利適足用以矯正社會病害，並是理性解決社會問題的一種最道德的方法。

### 二、衝突論觀點

社會福利服務並非是社會價值共識的結果，而是在不同階級利益對立下，優勢階級企圖運用該服務以緩和衝突與對立的策略。

### 三、現象學觀點

強調要探索社會福利的真正內涵，必須從一般民眾如何認知社會福利，如何界定其福利需求，及詮釋社會福利的意義著手。因為社會福利只有經由一般民眾對其解釋，才能彰顯其真正的意義。

### 四、交換理論觀點

社會交換理論認為社會福利就是一種概化的社會交換，此種雙方受惠的相互交換關係有助於強化社會聯結，並用以解決工業化社會中職業分工的問題。

追求好的社會是人們亙古的期待，對這個期待給予哲學家式的思索與解答，或許是件容易的事，但更嚴酷的挑戰，則是專業工作者將之付諸實現的政策能力，而這也直接關係到政府存在的價值。

##  參、社會工作的未來願景

英國著名社會思想家羅素（Bertrand Russell）在《工業文明的前景》（*The Prospects of Industrial Civilization*）一書中指出：「一個好的社會有兩個要素，亦即是：第一，組成社會的人們此時的福祉；以及，第二，社會讓人們的福祉發展得更好的能力。而這兩個要素之間，未必永遠同時存在。」福利是衡量人們此時福祉程度的重要判準之一，在一個福利社會裡，生活的重點是在於如何生活得像個人，工作與隨之而來的經濟性報酬是讓人活得尊嚴的手段、而不是目的，人的需求受到充分的滿足，人的價值也獲得完整的體現。但為支持這種和諧的生活，經濟發展卻是不可或缺的要素，也就是羅素所謂的「讓人們的福祉發展得更好的能力」。

1970年代末以降的「福利國家危機」，以英、美為代表的新自由主義國家，紛紛以凍結福利支出及福利民營化（privatization）的方式來重建經濟競爭力，似乎強化了「減少福利則經濟自然成長」此種印象。一時之間，「破壞經濟成長」成為社會福利的原罪，進

而政府財政赤字危機及就業機會減少，也都是社會福利所衍生的。但經濟與福利之間必然是個兩難關係嗎？事實上，自1990年代中期以降，西方社會福利的論述已經超越傳統的兩難格局，積極地探討二者之間系統性整合的可能性，也因而激發出諸多重要的福利思維。例如英國學者季登斯（A. Giddens）所提出的「第三條路」（the Third Way）取向，即是一個明顯的例子。它強調當代社會的福利概念必須有所轉變，應該導向所謂的「積極的福利」（positive welfare），致力於消除結構上的不平等，提供人們有尊嚴與自我實現的發展機會，並將這樣的想法歸結成「社會投資國家」（social investment state）的策略。重點是把這些支出引向人力資本投資，尤其是教育、訓練與就業這三項基本措施，而這些都需要政府積極介入整體勞動力市場。從這裡，我們可以清楚觀察到「第三條路」取向企圖整合經濟與福利的特點。首先，它從右派吸取了個人選擇、成就動機與就業的重要性，但不同於右派的是，它主張國家的積極干預；其次，它也從左派吸取了社會福利對減少人生風險與貧窮問題的必要性，但不同於左派的是，它不鼓勵直接的經濟資助，而主張導向積極的人力資本投資。

為了達到這個目標，我們必須確保經濟發展以改善人類的福祉，所以經濟應維持適度而均衡的成長，但這是以整體發展作為主要的著眼點，而不是藉由犧牲某一部分以獲得最快速成長的扭曲式發展；同時，我們也必須透過社會福利來促進經濟發展，因此必須更著重於有利於人力資本（如：教育與訓練）、社會資本（包括物質面的基礎建設，如交通與衛生；與社會面的基礎建設，如社區和公民社會的互助支持網絡）；以及促進就業或自行創業的措施。再者，新近崛起於歐洲聯盟（European Union）的「社會品質」（social quality）取向，也在荷蘭政府與學界的支持下，結合其他

國家的學者成立一個基金會，推動社會品質概念的建構，作為指引歐洲社會模式發展的方向。我們知道在歐盟走向整合的過程中，如何維繫各國既有的生活水準，成為民眾是否認同歐盟發展的重要影響因素。以絕對的角度來說，這意味著生活水準即使無法提升，至少也不能降低；而以相對的角度來說，這意味著歐盟不能放任各國現存的生活水準差異任意擴大，否則相對剝奪感的產生會損及歐盟整合的可能性。為了促進社會面最大的整合，歐盟已發展出「排除／包容」（exclusion／inclusion）的政策取向，而社會品質取向則是進一步地擴大，納入了經濟安全、社會包容、社會團結（或凝聚）與自主性〔或充權（empowerment）〕等四個指標，作為衡量各國生活水準的依據，這是各國社會政策必須戮力追求的整體目標，而不是單純的經濟成長而已。一個有效的福利體系，必須透過制度化的方式，將幸運者與不幸者、生產者與依賴者、年輕者與年老者緊密凝聚在一起，構成社會穩定的基石。

　　社會福利政策是我國的基本國策之一，早在1965年政府即通過「民生主義現階段社會政策」，作為我國因應工業化起步下的經濟與社會均衡發展的指針。此後，隨著政治經濟與社會的變遷，迭有修正。然而當代社會、政治、經濟變化迅速，各工業先進國家均面對二十一世紀新的挑戰，我國亦不例外。面對來自人口老化、家庭功能萎縮、政府財政困難，以及社會價值變遷的挑戰；復加上全球化、後工業化帶來之生產結構丕變、勞動彈性化、經濟低度成長、貧富差距擴大、跨國人口流動，以及失業率攀升等全球風險暴露的升高，調整國家社會政策圖求因應，實已不得不然。但是，因應之道，絕非唯有緊縮社會福利一途，整合資源、調節供需、提升效率、積極回應等都是良方。

結語

　　參酌國際慣例大抵以社會保險、社會救助、社會服務、醫療保健、就業服務、社會住宅，以及教育為社會福利的主要內容；復考量我國社會福利政策的歷史傳承與實施現況，爰以社會保險與津貼、社會救助、福利服務、就業安全、社會住宅與社區營造、健康與醫療照護等六大項目，為社會工作努力的內涵。社會工作之目的在於保障國民之基本生存、家庭之和諧穩定、社會之互助團結、人力品質之提升、經濟資本之累積，以及民主政治之穩定，期使國民生活安定、健康、尊嚴。基於憲法保障國民基本人權之精神，因應政治經濟社會變遷的挑戰，吸納工業先進國家的經驗，回應民間社會完善我國社會福利體系的呼聲。

　　福利國家理念的揭示，首推於1941年由英國大主教威廉‧鄧普（William Temple）的倡導，該觀念是為了取代先前的「權力國家」（Power State）。其後，美國總統羅斯福於第二次世界大戰期間，提出人類應追求四項基本人權：「言論自由」，「信仰自由」、「免於恐懼的自由」、「不虞匱乏的自由」，加以響應；尤其是後兩者，成為自由世界爭取社會安全的依據。加以一般公民於戰爭期間苦難共承的經驗，改變原有的階級對立，企圖謀求一個普遍而全民共享的社會福利系統。社會有共同的責任來消弭貪、愚、懶、髒、病等五害，並且政府有義務建立一個「由搖籃到墳墓」的社會安全服務網絡。在政府與全民的努力下，實施社會福利以建立社會安全體制，遂逐漸成為世人共同的期待。

　　我國近年來由於經濟高度發展，國民所得大幅提高，物質生活日益豐沛，教育知識日漸普及，導致社會大眾更加重視生活素質的

提升。為了追求財富的公正分配，建立完整健全的社會體系，以期縮短所得之間的差距，使社會中現存的弱勢團體獲得正義力量的支持，人們期盼政府進一步建立完整的社會福利體系。然而，此項目標的推動與落實，無不端賴社會福利服務工作的作為，方能使社會安全揭示的「民眾能享有免於恐懼」、「免於匱乏」的情境獲得實踐。

## 問題與討論

一、請說明社會福利制度的建立。

二、請說明社會工作推動的理論內容。

三、請說明我國社會工作的未來願景的主要內涵。

四、請說明我國社會福利政策努力的內涵。

# 參考書目

## 一、中文部分

王順民（2001）。〈宗教關懷與社區服務的比較性論述：傳統鄉村型與現代都市型的對照〉，《社區發展季刊》，第93期，頁42-58。

王增勇（2000）。〈加拿大長期照護的發展經驗〉，《社區發展季刊》，第92期，頁270-288。

伊慶春、蔡瑤玲（1989），王振寰主編。〈台北地區夫妻權力的分析：以家庭決策為例〉，《台灣社會》。台北：巨流。

行政院（2007）。《我國長期照顧十年計畫》。台北：行政院。

吳錦才（1995）。《就業與輔導》。台北：洙泗。

宋麗玉（2002）。《社會工作理論——處遇模式與案例分析》。台北：洪葉。

李茂興譯（1996）。《諮商與心理治療理論與實務》。台北：揚智。

李增祿（1997）。《社會工作概論》。台北：巨流。

林勝義（1999）。《社會工作概論》。台北：五南。

林萬億（1992）。《當代社會工作》。台北：五南。

姚卓英（1978）。《醫務社會工作》。台北：正中。

徐　震（2004）。《社會工作思想與倫理》。台北：松慧。

張天開（1980）。《各國勞資關係制度》。台北：中國文化大學出版部。

陳武雄（2001）。《志願服務理念與實務》。台北：揚智。

陳惠姿（2001）。〈個案管理在社區老人長期照護之應用〉，《護理雜誌》，第48卷，第3期，頁25-32。

陳肇男（2001）。《快意銀髮族——台灣老人的生活調查報告》。台北：張老師月刊出版。

陳燕禎（1998）。〈老人社區照顧——關懷獨居老人具體作法〉，《社區發展季刊》，第83期，頁244-254。

陶蕃瀛（1991）。〈論專業的社會條件：兼談台灣社會工作之專業化〉，《當代社會工作學刊》，創刊號，頁1-16。

陶蕃瀛、簡春安（1997）。〈社會工作專業發展之回顧與展望〉，《社會工作學刊》，第4期，頁1-25。

曾華源、施教裕、鄭麗珍（2003）。《社會工作理論——處遇模式與案例分析》。台北：洪葉。

黃彥宜（1991）。〈台灣社會工作發展〉，《思與言》，第29期，第3卷，頁119-152。

黃維憲（1999）。〈社區精神倫理建設與社區總體營造的比較省思〉，《社區發展季刊》，第87期，頁170-183。

楊培珊（2000）。《台北市獨居長者照顧模式之研究》。台北市政府社會局委託專題研究報告。台北市政府。

萬育維（2001）。《社會工作概論》。台北：洪葉。

葉至誠（2001）。《社會福利服務》。台北：揚智。

詹火生（1987）。《社會政策要論》。台北：巨流。

裴元領（2000），國立編譯館編。〈系統理論〉，《教育大辭書》（四）（頁83-85）。台北：文景。

劉慧俐（1998）。〈高雄市獨居老人居家服務現況與展望〉，《社區發展季刊》，第83期，頁26-33。

蕭新煌（2000）。《非營利部門組織與運作》。台北：巨流。

龍冠海（1997）。《社會學》。台北：三民。

謝秀芬（2004）。《家庭社會工作——理論與實務》。台北：雙葉。

## 二、英文部分

Bain, G. S., 1970, *The Growth of White-Collar Unionism,* Oxford: Clarendon Press.

Solomon, Barbara, 1976, *Black Empowerment: Social Work in Oppressed Community,* New York: Columbia University Press.

Bell, Daniel, 1973, *The Coming of Post-Industrial Society,* New York: Basic Books.

Bertalanffy, Von, 1971,"Cuitures as System: Toward a Critique of Historical Reason", *Bucknell Review,* 2e(11): 151-161.

Russell, Bertrand, 1933, *The Prospects of Industrial Civilization,* Oxford: Clarendon Press.

Canda, E. R., 1999, *Spiritual Diversity in Social Work Practice: The Heart of Helping,* New York: Free Press.

Dubois, Brenda & Miley, Karla K., 1998, *Social Work: An Empowering Profession,* Needham Heights, MA: Allyn and Bacon.

Fook, J., 1993, *Radical Casework: A Theory of Practice,* NSW, Australia: Allen & Unwin.

Milson, Fred, 1987, *An Introduction to Community Work,* New York: Palgrave Macmillan.

Gabbard, Glen O., 2007, *Psychodynamic Psychiatry in Clinical Practice,* New York: Pantheon Books.

Hamilton, Gordon, 1937, *Basic Concept of Social Casework,* New York: The Macmillian Co.

Perlman, Harris, 1957, *Social Casework: A Problem-Solving Process,* New York: Pantheon Books.

Johnson, Louise C., & Schwartz, Charles L., 1988, *Social Welfare: A Response to Human Need,* Newton, MA: Allyn & Bacon.

Kamerman, S. K. & Kahn, A. J., 1978, *Family Policy: Government and Families in Fourteen Countries.* New York: Columbia University Press.

Miller, Peter & Rose, Nikolas, 1990, "Governing economic life", *Economy and Society,* 19(1): 1-31.

Moreland, R. & Lovett, T., 1997, "Lifelonglearning and community development", *International Journal if Lifelong Education,* 16(3): 201-216.

Murdock, G., 1914, *Social Structure,* New York: The Macmillan Co.

Parton, Nigel (ed.) , 1996, *Social Theory, Social Change and Social Work,* London: Routledge.

Krugman, Paul, 2008, *The Conscience of a Liberal,* New York: Palgrave Macmillan.

Payne, M.S., 2005, *Modern Social Work Theory,* New York: Palgrave Macmillan.

Piven, Frances F. & Clward, Richard A., 1971, *Regulating the Poor: The Functions of Public Welfare,* New York: Pantheon Books.

Popple, K., 1995, *Analysing Community Work-Its Theory & Practice,* Buckingham: OUP.

Skidmore, R. A. & Thackeray, M. G., 1997, Introduction to Social Work, Boston : Allyn and Bacon.

Richmond, Mary Ellen & Hall, Fred., 1974, *A Study of Nine Hundred and Eighty-Five Widows,* New York: Arno Press.

Robbins, S., Chatterjee, P., & Canda, E. R., 1999, "Ideology, Scientific Theory, and Social Work Practice", *Families in Society,* Jul / Aug.

M. Cox, F., Erlich, J. L., Rothman, J., Tropman, J. E., (eds.), 1987, *Strategies of Community Organization: Macro Practice,* Ithaca, Illinois: F. E. Peacock Publishers, Inc.

Siporin, M., 1980, "Ecological systems theory in social work", *Journal of Sociology and Social Welfare,* 7(4): 507-532.

Skidmore, R. A., 1990, *Social Work Administration-Dynamic Management and Human Relationships* (2nd ed.), New Jersey, Englewood: Prentice-Hall.

Southern, V. E., 1995, *Participatory Learning in Community Development: A Case Study in Adult Education,* Northern Illinois University Degree: Phd.

Starr, Paul, 1989, "The price of Pressimism", January 23, 1989. *On Nathan Glazer's: The Limits of Social Policy.*

Thompson, N., 2000, *Theory and Practice in Human Services,* Philadelphia, Penn.: Open University Press.

Trattner, Walter I., 1984, *From Poor Law to Welfare State* (3rd ed.), New York: The Free Press.

Turner, F. J., 1986, *Social Work Treatment-Interlocking Theoretical Approaches* (3rd ed.), New York: Free Press.

Wilensky, Harold L., 1967, "Careers, counseling, and the curriculum", *Journal of Human Resources,* 2(1): 19-40.

社工叢書 31

# 社會工作概論

著　　者／葉至誠
出　版　者／揚智文化事業股份有限公司
發　行　人／葉忠賢
總　編　輯／閻富萍
執　　編／宋宏錢
地　　址／台北縣深坑鄉北深路三段 260 號 8 樓
電　　話／(02)8662-6826
傳　　真／(02)2664-7633
網　　址／http://www.ycrc.com.tw
　E-mail ／ service@ycrc.com.tw
印　　刷／鼎易印刷事業股份有限公司
ISBN ／ 978-957-818-914-0
初版一刷／2009 年 6 月
定　　價／新台幣 380 元

國家圖書館出版品預行編目資料

社會工作概論 / 葉至誠著. -- 初版. -- 臺北
縣深坑鄉：揚智文化, 2009. 06
　面；　公分. --（社工叢書；31）

ISBN　978-957-818-914-0（平裝）

1.社會工作

547　　　　　　　　　　　　　　98009119